KB107402

IJS 서울대학교 일본연구소
Reading Japan **14**

일본 속의 NPO

저성장기 일본 복지의 한계와 비영리단체

低成長期日本的福祉の限界と非営利組織

저 자 : 다케다 하루히토(武田晴人)
역 자 : 강성우

제이앤씨
Publishing Company

책 을 내 면 서

　서울대 일본연구소는 국내외 저명한 연구자와 다양
한 분야의 전문가를 초청하여 각종 강연회와 연구회를 개
최하고 있습니다. 〈리딩재팬〉은 그 성과를 정리하고 기록
한 시리즈입니다.

　〈리딩재팬〉은 현대 일본의 정치, 외교, 경영, 경제,
역사, 사회, 문화 등에 걸친 현재적 쟁점들을 글로벌한 문
제의식 속에서 알기 쉽게 풀어내고자 노력합니다. 일본
연구의 다양한 주제를 확산시키고, 사회적 소통을 넓혀
나가는 자리에 〈리딩재팬〉이 함께하겠습니다.

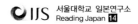

서울대학교 일본연구소
Reading Japan **14**

차 례

강연록

- 기존의 복지사회구상에서 기대하던 공
- 공서비스의 충실화는 바라기 어려울 것입니다. 그 사회적 요구의 간극을 메우기 위해서 비영리단체가 시장에서 중요한 역할자가 될 것입니다.

일본 속의 NPO
: 저성장기 일본 복지의 한계와 비영리단체

다케다 하루히토
(武田晴人)

1. 머리말

　　고령화사회의 도래와 함께 심각한 재정상태에 빠져 있는 일본에서는 행정 비용의 부담을 줄이기 위해 정부를 대신해서 공공서비스를 제공할 비영리단체(NPO: Non-Profit Organization)에 대한 기대가 더해 가고 있습니다. 그러나 비영리단체가 정부의 공공서비스를 대신하기 위해서는 아직도 여러 가지 해결해야 할 문제가 많이 있다고 생각합니다. 이에 본서는 ① 일본 경제의 현황 ② 비영리단체의 사고방식 ③ 비영리단체 현황과 문제점 등에 유의하면서, 성장률이 둔화되고 있는 가운데 일본의 복지가 취해야 할 방향성에 대해서 생각해 보고자 합니다.

저의 전공은 일본경제사이기에 사회복지와 비영리단체 연구의 전문가는 아니지만, 연구를 해오면서 기업 본연의 모습에 관해 고민을 해왔습니다. 이러한 시각으로부터 넓은 의미의 기업 활동을 영리와 비영리의 구분 없이 검토해야 할 필요성을 느꼈습니다. 영리기업은 필요한 경제 자원을 시장에서 조달할 수 있는 데에 비해 비영리단체는 자금 조달이나 필요한 인재 확보에 어려움을 겪는데, 그 이유는 시장경제의 기본적인 특징과 관계가 있습니다. 그런 반면 영리기업은 사회가 필요로 하는 재화와 서비스를 충분히 제공하지 못한다는 한계를 갖고 있습니다. 본론에서 자세히 말씀드리겠지만, 재화와 서비스의 생산 조직으로 기업 활동을 볼 때, 영리와 비영리의 차이는 그 조직이 기능하도록 하는 원리에 있지, 사회적 요구를 충족시키는 역할을 한다는 점에서는 다르지 않습니다. 그리고 그러한 사회적 요구라는 관점에서 본다면, 사람들에게 최소한의 건강과 안심할 수 있는 생활을 보장할 수 있는 복지 서비스를 어떻게 제공하느냐 하는 것이 사회의 지속성이라는 면에서 필수 불가결한 조건이며, 그런 의미에서 이것은 현대 경제사회가 해결해야 할 기본적인 문제를 다루는 것이 됩니다. 달리 말하면 기업이라는 것이 애

초에 어떠한 역할을 해왔는가 하는 점을 고려하면서, 최근 시장메커니즘에 지나치게 의존하고 있는 경제 시스템을 어떤 식으로 고쳐 설계할 수 있을지 생각하되, 이때 기업이 가지고 있는 영리성(營利性)을 일단은 빼놓고 생각하자는 것입니다.

현재 우리가 경제 시스템에 관한 문제로 자주 듣는 말은 시장메커니즘을 더 많이 이용해야 한다는 주장입니다. 이런 주장은 시장메커니즘이 현실에서 무엇을 할 수 있는가 하는 문제에 대한 충분한 고찰 없이 시장메커니즘을 만병통치약으로 여기고 있다는 의문이 듭니다. 그러나 지금은 이에 대한 의문은 접어두고 시장메커니즘을 전제로 했을 때, 첫째, 민간부문과 정부부문은 어떻게 역할 분담을 할 것인가, 둘째, 정부부문이 현재 대세가 되고 있는 '작은 정부'를 목표로 한다고 할 때, 이를 통해 경제사회가 필요로 하는 요구를 과부족(過不足) 없이 충족시킬 수 있는가, 셋째, 정부가 하지 않게 된 일을 다른 경제 주체가 어떻게 대신해서 보충할 수 있는가, 그렇다면 다른 경제 주체는 누구인가에 관해 생각해보고자 합니다.

왜냐하면 '작은 정부'에서 본래 지향하는 것은 공공서비스를 보다 효율적으로 제공하는 것이기 때문입니다. 이것이 말 그대로 실현된다면 아무런 문제도 없습니다. 즉 서비스의 양과 질은 정부가 제공하는 것과 동일한 수준이면서 그것을 제공하는 장치가 효율적일 수만 있다면 이제부터 제기할 문제에 대해 우리가 고민할 필요가 없는 것입니다. 그러나 실제로 '작은 정부'를 목표로 한 개혁의 결과는 공공서비스의 양과 질을 떨어뜨림으로써 정부의 부담을 줄이는 것에 지나지 않았습니다. 만일 민간 기업이 상품이나 서비스의 품질을 떨어뜨리는 일을 예사로 한다면 소비자로부터 버림받고 망하게 될 것입니다. 그러나 같은 일을 하는데도 정부는 망하지 않을 듯합니다. 때문에 경제 사회 전체의 지속성을 확보해 나가기 위해서 필요한 공공서비스의 부족분을 누가 어떻게 보충할 것인지에 대해 고민해야 합니다. 그 답을 찾지 못한다면 우리가 지금까지 목표로 해온 풍요로운 사회라는 이상을 실현할 수 없습니다. 물론 이대로라도 '승자'에게만은 쾌적한 사회를 만들 수도 있습니다. 그러나 이런 선택이 바람직하다고 여겨지지는 않습니다.

　　현재 일본에서는 재정상의 한계로 발생하는 저복지(低福祉: 낮은 수준의 복지)를 보완하기 위해 정부의 하청기관으로서 비영리단체가 동원되고 있습니다. 이러한 비영리단체의 자율성 상실은 비영리단체가 갖고 있는 시민사회 변혁의 가능성을 저해할 위험도 갖고 있습니다. 여기에서는 이러한 일본의 현황을 소개하면서, 기부금 시장에서의 불일치(mismatch), 고용 불안 속의 일자리 나누기(work sharing)의 한계, 일과 생활의 균형(work-life balance)의 문제점 등에 중점을 두어 말씀드리고자 합니다.

2. 제로성장하의 재정파탄

<그림 1> 경제성장과 고용정세

출처:『동양경제 경제연감(東洋経済経済年鑑)』에서 작성.

성장률이 저하되는 가운데, 고용사정은 1990년 전후의 버블경제기를 제외하고는 일관되게 침체하고 있고, 높은 실업률이 계속되고 있습니다. 〈그림 1〉에서 보는 것과 같이 유효구인비율[1]은 1990년 전후의 버블경제기를 제외하고는 장기간에 걸쳐 1 이하의 수준에 머무르고 있습니다. 이 때문에 완전실업률이 급상승해 성장률과 X자 형태로 교차하고, 2000년대에는 실업률이 높은 수준으로 유지되고 있습니다.

이러한 성장률의 저하와 고용사정의 악화 속에서 정부는 재정 면에서 대규모 경기 부양 대책을 잇달아 내놓았습니다. 그 결과 1980년대에 제2임시행정조사회답신에 기초한 재정재건에 의해 개선되고 있었던 재정수지는 1990년대에 급격히 악화되어, 현재에는 공적 채무가 1,000조 엔에 달할 정도가 되었습니다. 이들 공적 채무는 국내의 가계저축과 법인저축에 의하여 대체로 국내에서 보유되고 있어 고액의 대외 채무가 발생하고 있는 것은 아니지만, 이러한 고액 채무 누적은 일본경제에 심각한 제약이 됩니다. 2013년도 정부재정을 예로 들어보면(〈표 1〉), 세수가 47조 엔, 국채 수입이 45.5조 엔인데 세입의 4분의 1이 국채의 이자 등에 필요하게 되어, 29조 엔을 조금 넘는 사회보장비 등의 삭감과 증세가 불가피하게 되었습니다.

---

1) 有効求人倍率: 공공직업안정소에서 취급하는 월간 유효 구인 수를 월간 유효 구직자 수로 나눈 값.

〈표 1〉 2013년도 일본정부 예산　　　　　　　　　단위: 억 엔

세출	926,115	100.0%	세입		926,115	100.0%
기초 재정수지대상 경비	703,700	76.0%	조세·인지수입		430,960	46.5%
사회보장비	291,244	31.4%		소득세	138,980	15.0%
지방교부세	163,927	17.7%		법인세	87,140	9.4%
문교·과학 진흥	53,687	5.8%		소비세	106,490	11.5%
공공사업	52,853	5.7%		기타	98,350	10.6%
방위	47,538	5.1%	기타		40,535	4.4%
기타	94,742	10.2%	연금특례 공채금		26,110	2.8%
국채비	**222,415**	24.0%	공채금		**428,510**	46.3%
이자	99,027	10.7%		건설공채	57,750	6.2%
상환비	123,388	13.3%		특례공채	370,760	40.0%

출처: 재무성 작성 자료.

　　이미 2014년 4월부터 소비세율을 5%에서 8%로 인상하였고, 이듬해 가을에는 10%로 끌어 올리기로 예정되어 있습니다. 그러나 소비세를 5% 인상해서 얻어지는 세수 증가분은 10조 엔 정도에 불과합니다. 재정의 기초수지(primary balance)를 소비증세만으로 해소하려면 25% 정도로 세율을 올리지 않으면 안 되고, 1,000조 엔에 이르는 공적 채무 잔고를 감소시키기 위해서는 그 이상의 인상이 필요합니다.

　　이 이상으로 큰 문제는, 만일 '아베노믹스(Abenomics)'

와 같은 경제성장 추진정책이 실효를 거두어 경제성장률이 호전되고 이에 따라 시장금리가 정상적인 수준으로 회복되기 시작하면, 금리 1%의 상승이 10조 엔의 국채 증가로 이어진다는 것입니다. 즉 시장금리가 1% 상승하여 국채 발행 조건으로 그만큼의 금리를 추가적으로 올리지 않을 수 없게 된다면, 그 자체만으로도 소비세율 5%의 인상분이 바닥나게 될 것입니다. 경기회복으로 재정재건을 시도한다는 것은 실현 불가능한 공론이라고 생각됩니다. 개인적으로는 누적된 채무를 보류해 두어야 할 상황에 처했다고 생각합니다. 이에 관해서 자세히 이야기할 여유는 없습니다만, 어쨌든 재정 면에서 보는 한, 국가에 의한 사회 복지의 충실화는 더 이상 기대할 수 없으며, 오히려 그 비용 삭감으로 인해 생존을 보장하는 제도적 장치와 사회적 포용의 불완비를 피할 수 없다고 인정할 수밖에 없습니다.

그뿐만 아니라, 지금까지 일본의 경제발전을 지탱해 온 기계공업 중심의 산업구조가 한계에 달하면서 진행되고 있는 서비스 산업화는 일본의 잠재성장률을 저하시키고 있습니다. 2000년까지 진행되고 있던 제조업 부문의 기계공업화는 21세기에 들어와 침체되고, 보다 넓은 시점에서의 서비스 산업화가 현저하게 진행되고 있습니다. 제

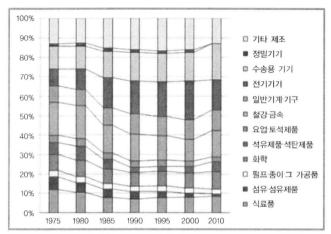

〈그림 2〉 제조업 출하액 구성의 추이

〈범례〉
□ 기타 제조
■ 정밀기기
□ 수송용 기기
■ 전기기기
□ 일반기계·기구
■ 철강·금속
■ 요업·토석제품
■ 석유제품·석탄제품
■ 화학
□ 펄프·종이·그 가공품
■ 섬유·섬유제품
■ 식료품

출처: 『동양경제 경제연감(東洋経済経済年鑑)』에서 작성.

조업 출하액 구성에서 보면 〈그림 2〉와 같이 기계공업 부문(일반기계, 전기기계, 수송용기계, 정밀기기)의 비중은 2000년대에 들어와 명백히 떨어지고 있습니다.

한편, 서비스 생산의 비율은 〈표 2〉처럼 확연히 커지고 있습니다. 〈표 2〉는 서비스 산업이 국민경제에서 차지하는 위상을 나타내기 위해 경제기획청이 국민소득계정에서 산출한 것입니다. 표에서 명확히 알 수 있듯이 제조업부문의 지위는 1970년대부터 서서히 상대적으로 낮아지다가 1990년대 들어서는 그 경향이 급격하게 진행되고 있습니다. 1985년도에서 90년도의 데이터가 연속적이지

〈표 2〉 서비스생산의 증가

	1970	1980	1985	1985	1990	1995	2000	2010
물자생산부문	51.7	44.8	41.4	40.9	41.8	31.8	29.9	26.3
농림수산업·광업	7.4	4.5	3.8	3.5	2.8	1.9	1.7	1.3
제조업	35.8	30.2	30.2	29.5	29.1	21.9	21.1	19.6
소재	13.2	9.4	8.9	8.5	8.2	6.4	5.8	6.0
가공조립	14.3	12.7	13.5	13.2	13.3	9.8	9.7	8.8
기타	8.5	8.0	7.7	7.8	7.6	5.7	5.6	4.8
건설업	8.4	10.1	7.5	7.9	9.9	8.0	7.1	5.4
네트워크부문	30.8	32.4	33.2	38.9	38.6	41.4	42.0	43.6
전기·가스·수도업	2.6	3.0	3.4	3.5	3.0	3.1	3.2	2.9
운수통신	7.1	6.2	6.4	6.6	6.4	8.8	9.6	10.3
상업	14.2	15.0	14.4	13.4	12.8	14.7	13.5	13.7
금융보험부동산	6.9	8.4	8.9	15.4	16.4	14.8	15.7	16.7
지식서비스생산부	17.6	22.7	25.4	20.2	19.6	26.8	28.1	30.1
매니지먼트 서비스	4.2	3.9	6.1	4.8	5.2	5.4	6.3	6.8
교육 서비스	2.6	4.1	4.1	4.4	4.2	3.4	3.4	3.4
의료건강 서비스	2.0	3.2	3.2	5.6	5.0	11.7	11.7	12.7
레저 관련 서비스	4.3	4.1	4.4					
가사 대행 서비스	1.3	1.4	1.6					
공무 기타	3.2	6.1	6.0	5.5	5.2	6.3	6.7	7.2
전체산업	100.0	100.0	100.0	100.0	100.0	100.0	100.0	100.0

소재는 섬유, 종이펄프, 화학, 석유·석탄제품, 유업, 제1차금속.
가공조립은 일반기계, 전기기계, 수송용기계, 정밀기계, 금속제품 기타에서 식료품 외 1985~90년 데이터는 불연속함. 1985년까지는 경기청(한국의 재정경제부)의 추산(試算), 이후는 필자의 추계. 다만 일부 데이터에 부정확함이 있음.
출처: 국민경제계산(国民経済計算)으로부터 산출.

않기 때문에 장기간의 비교에는 무리가 있지만, 물자생산 부문의 지위 저하 경향은 크게 다르지 않다고 생각합니다.

서비스 산업화가 진전되고 있다는 것은 대중소비사

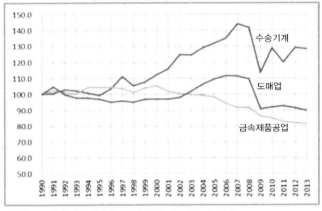

출처: 국민경제계산(国民経済計算)으로부터 산출.

회 속에서 진행된 소비의 다양화와 고령화사회의 도래에 대응한 결과입니다. 그것은 의료나 개호(介護) 등 대인 서비스의 요구가 증가하고 있는 것, 남녀를 불문하고 결혼하지 않는 사람들의 비율이 늘고 나아가 고령자 중에서도 독신자 가구가 증가하고 있다는 점에 영향을 받고 있습니다. 즉 이전까지 주부들의 가사 노동에게 맡겨 있던 서비스의 많은 부분이 시장을 경유하여 조달되도록 바뀌고 있다는 것입니다.

　이런 변화는 소비자 선택의 다양성이라는 점에서는 바람직한 변화의 방향으로 나아가고 있는 것처럼 보입니다. 그러나 서비스 산업의 생산성은 대체로 낮고, 그 상승

속도 또한 완만합니다. 〈그림3〉에서 잘 드러나듯이, 자동차를 대표업종으로 하는 수송기계 산업과 철강 등으로 대표되는 금속공업, 그리고 도매산업 세 가지를 비교해 보면, 기계산업은 2000년대 중반까지 생산성 상승을 보였고, 금속산업의 생산성은 완만하게 소폭으로 상승하다가 리먼 쇼크(Lehman Shock) 후 기계 산업의 생산성과 함께 큰 폭으로 하락했습니다. 이는 기계공업이 주도산업으로 경제성장을 크게 촉진한 한편, 그 성장의 둔화와 산업구성상의 지위 하락이 잠재성장률을 낮출 수 있다는 앞의 지적을 뒷받침하고 있습니다. 동시에, 생산성이 대체적으로 저하되고 있는 서비스부문이 산업의 중심이 되는 것이 갖게 될 거시적인 영향도 읽어낼 수 있습니다. 즉 서비스 부문의 증대는 고용 증가로 연결된다고는 하지만, 거시경제 규모의 확대에는 강한 제약이 되는 것입니다. 이러한 변화의 진전을 주어진 조건으로 삼는 한, 일본경제는 제로(0)에 가까운 수준의 성장률을 전제로 한 지속 가능한 사회를 구축하는 것이 요구되고 있는 것입니다.

3. 비영리단체의 가능성

경제학에서는 주요 경제주체인 기업, 가계, 정부의 역할 분담을 〈그림 4〉와 같이 그립니다. 이 도표 속에서 중요한 것은 기업과 가계는 '사람, 재화, 돈'을 거래의 요소로 하는 3개의 시장(자금시장, 노동시장, 상품시장)을 통해 연결되어 있다는 점입니다. 그리고 3개의 시장 중 어느 하나에라도 기능상의 문제가 일어나면 경제시스템에도 장애가 생기게 됩니다.

〈그림 4〉 표준적 경제시스템 모델

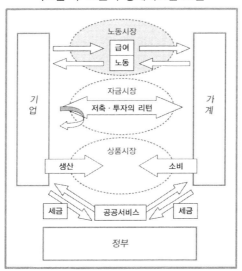

이 그림에서 나타난 것처럼 기업과 가계 간에는 ① 노동 공급과 임금 지불 ② 투자와 리턴 ③ 재화 서비스의 공급과 소비라는 관계가 존재합니다. 그리고 민간 부문의 공급으로는 부족한 부분에 대해 정부가 세금을 재원으로 하여 공공서비스를 담당하는 구조입니다.

〈그림 4〉를 통해 기업이 이 사회에서 담당하고 있는 역할을 살펴보면, 기업의 주요 기능은 ① 상품이나 서비스를 생산하는 '생산의 기능' ② 투자의 기회를 제공하는 '자금시장에서의 기능' ③ 고용기회를 제공하는 '노동시장에서의 기능'의 세 가지가 있습니다. 따라서 기업은 이 세 가지 기본적 기능을 수행함으로써 경제 사회의 주요 생산 조직이 되고 있는 것입니다.

현재 "기업은 누구의 것이냐"라는 기업 소유에 관한 논의에서 일반적으로 순전히 자금시장에서의 관계를 중심으로 주주에 의한 소유관계에 중점을 두고 논하는 경우가 많습니다. 그러나 위의 그림을 제대로 파악한다면, 이러한 논의구도는 상당히 왜곡된 견해라는 것을 알 수 있습니다.

일반적으로 미국형 기업 경영에서는 ① 회사는 주주 집단의 소유물이며, ② 경영자는 주주들의 재산을 위탁받아 관리하는 대리인(agent)이므로 주주들에게 봉사하는 것

이 경영자의 역할이라고 알려져 왔습니다. 그러나 그것은 주주들이 "맘대로 하는 이야기(勝手な言い草)"일 뿐, '가계'의 입장에서 보면 기업은 고용기회를 제공하고, 무엇보다도 생활에 필요한 물건을 공급해주는 것이 중요한 역할입니다. 이러한 역할을 하지 않는 기업은 있으나 마나입니다. 바꾸어 말하면, 소유구조만 가지고 기업을 논하는 것은 현대경제사회 속에서 기업이 수행하고 있는 기능의 일부분밖에는 보고 있지 않다는 문제점을 가지고 있습니다.

이러한 비판적인 시점을 강조하는 이유는 일본 기업의 역사를 보면, 미국에서의 논의와는 정반대의 양상이 드러나기 때문입니다. 일본인의 기업관은 ① 기업은 누구의 것도 아니고 사회적 공공성을 지닌 것이며, ② 무엇보다도 영속성이 요구되는 생산 조직이라는 생각이 지배적이었습니다. 이것은 1980년대의 일본형 경영론과 같이 짧은 역사를 가진 것이 아니라, 에도 시대(1600~1868)의 일본의 상가(商家) 경영방식까지 거슬러 올라가는 전통적인 사고방식입니다.

바로 이러한 전통적인 사고방식이 있었기에 일본의 기업은 ① 소유권을 제한하고 소유와 경영을 분리하며, ② 경영은 전문적인 경영자에게 위임시켜, 경영을 전문적이고 독립된 기능으로 간주하고, ③ 경영자는 주주의 대리인이 아니라 주주와 대등한 관계이며 전문성을 가진 사람으로 존중받을 수 있었던 것입니다. 이러한 특징들이 일본경영사 연구에서 보면, 기업 조직을 무너트리지 않고 기업의 지속성을 유지할 수 있게 하는 요인이었던 것입니다.

지속성을 갖는 생산조직으로서의 기업은 경제자원의 배분과 사용에 있어 중요한 위치에 있습니다. 일반적으로 시장경제 구조가 여러 가지 경제자원의 배분을 자율적으로 실행한다고 생각합니다. 그러나 현대 경제사회는 시장경제의 자율적인 조정 외에 기업이 담당하는 조정의 역할도 있습니다. 기업 안에서 행해지는 다양한 자원의 배분과 조정 방식은 상호소통에 의한 의사 결정에 근거하며 그 역할은 커지고 있습니다. 즉 현대 경제사회에는 시장에 의한 조정과 조직에 의한 조정, 혹은 경쟁에 의한 조정과 의사 결정의 권한을 기초로 한 상호 협의에 의한 조정이라는 두 가지 측면이 있는 것입니다. 시장과 조직이라는 두 가지 조정 방식이 두 개의 수레바퀴가 되어 경제 발전이 가능하게 되었고, 그 두 개의 수레바퀴가 잘 돌아감으로써 비로소 현대적인 자본주의 경제 제도가 발전해온 것이 아닌가 합니다.

이와 같이 기업을 상품을 생산하기 위해 경제자원의 합리적인 조정과 배분을 행하는 조직으로 보았을 때, 영리라는 것은 이러한 조직이 효율적으로 목적을 달성하기 위해서 필요로 하게 된 것입니다. 기업은 여러가지 효용함수를 갖는 여러 사람들이 하나의 생산 목적을 위해 모인 곳입니다. 그러므로 그 다양한 이해와 관심을 조정하기 위해서는 금전적 인센티브를 부여하는 것이 단순명쾌합니다. 투자가에게는 배당을, 경영자에게는 보너스를, 그리고 노동자에게는 임금을 지불하는 것과 같이 금전적인 보수로 보답하는 제도적 장치가 만들어지고, 이러한 제도적 장치 때문에 이해관계자(Stakeholder) 간의 공통이해로써 이익의 극대화가 추구되는 것이 영리 원칙입니다.

영리기업이 왜 영리 원칙을 따르냐고 한다면 애당초 그것이 목적이기 때문이라고 할 수도 있겠으나, 사실은 영리를 목적으로 만들어진 것이 아닙니다. 현대에는 '회사의 설립 목적'이 '돈벌이 때문'이라는 사람도 점점 늘고 있지만 원래는 그렇지 않습니다. 무엇인가 하고 싶은 일, 예를 들면 발명을 하고 싶다든가 하는 동기가 설립 목적의 기반입니다. 아마도 상품을 생산하고 서비스를 제공한다는 본래의 기능에 맞게 목적이 설정되어 있었다고 생각합니다. 그런데 지금은 마치 기업은 이익창출을 목적으로 설립된다는 식으로 수단과 목적이 뒤집혀 있습니다. 이것을 '영리가 자기목적화하고 있다'고 설명할 수 있습니다.

영리 추구 이전의 목적이 있다고 한다면, 영리기업과 비영리단체 사이에 큰 차이가 없다는 것도 알 수 있을 것입니다. 그럼에도 불구하고 주주 주권을 강조하는 기업론은 이러한 관계 중 자금시장만을 중시하고 있는 것입니다. 그런 점에서 구조적 시점이 결여되어 있습니다. 그런 까닭에 현재의 일본 경제는 이러한 왜곡된 사고방식에 근거한 '개혁'으로 큰 곤란을 겪고 있습니다. 이러한 사고방식은 고용에 혹독한 경제상황을 초래하였고 가계 부문의 소비억제에 따른 국내시장의 축소, 세수의 정체 등으로 인해 경제침체 상황에 대한 타개책을 찾아낼 수 없게 되었습니다. 특히 1997년 금융 위기 이후 기업부문은 유이자(有利子) 부채를 상환함으로써, 현재는 투자주체가 아니라 저축주체로서 가계와 더불어 정부의 채무를 지탱하는 역할을 수행하고 있으며, 대폭적인 법인세 감세에도 불구하고 투자에는 신중한 태도를 유지하고 있습니다.

한편, 재정 파탄에 처한 정부는 공공서비스를 줄이려고 노력하였고, 그 결과 필요한 사회적 요구가 영리기업에 의해서도, 정부에 의해서도 공급되지 않는 상황이 되었습니다. 이로 인해 사회적 균열이 커지고 그 균열 속에 잃어버린 사회적 요구의 간극은 메워지지 않은 채로 있습니다. 이러한 문제를 해결하기 위해서 영리기업이 아닌 비영리단체(NPO)가 활동의 장을 얻게 되었습니다. 비영리단체는 재화와 서비스의 주체라는 점에서 영리기업과 공통점이 많은 생산 조직이며, 그 차이는 출자자에게 이윤을 돌려주는가 아닌가에 불과합니다.

경제사회 전체의 구도 속에 비영리단체를 넣고 다시 그려 보면 〈그림 5〉와 같습니다. 원래 기업에는 가계에 고용의 기회를 제공하고, 저축의 운용 기회를 제공하며, 다양한 신상품을 공급해 가계의 소비생활을 풍요롭게 하는 기능이 있습니다. 이러한 기능은 영리기업만이 아니라 비영리기업도 제공한다는 점을 지금까지의 설명으로 이해할 수 있을 것입니다. 예를 들어 유럽에서 주목받고 있는 사회적 기업이나 협동조합에서는 출자자에 대한 보상이 양질의 서비스 제공이나 조직의 이용권의 형태로밖에 보장되지 않습니다. 영리기업과 경쟁해야 하는 범위 안에서도 이와 같은 비영리단체 혹은 유사 조직이 활동하고 있습니다. 즉 영리원칙에 구애받지 않는 조직이 영리기업을 대체하는 기능을 하고 있는 것을 알 수 있습니다. 그렇다면 우리가 이러한 조직에 관해 숙고해 본다면, 새로운 가능성을 발견할 수 있지 않을까 생각합니다.

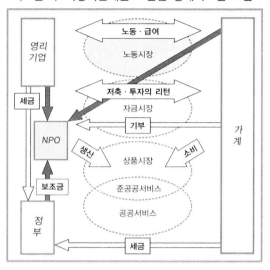

〈그림 5〉 비영리단체를 포함한 경제시스템 모델

　　〈그림 5〉는 비영리단체를 추가했을 뿐인데 상당히 복잡한 형태가 되었습니다. 영리기업과 비영리단체(기업) 라는 두 가지 유형의 기업이 있다는 것을 전제로 하면, 우선 정부와 비영리단체는 부족한 공공서비스와 준(準)공공 서비스의 제공을 분담하는 관계에 있습니다. 이에 비해 가계와 비영리단체와의 관계는 가계와 영리기업과의 관계와 같습니다. 즉 노동시장을 매개로 노무를 제공하고 자금시장을 통해 저축의 일부를 자금으로 제공하며, 이와 동시에 생산된 서비스를 구입하는 관계가 됩니다. 또한

영리기업과 비영리단체는 상호 보완적인 관계로 자금을 제공하고 서비스를 구입하는 관계이기도 하며, 동시에 같은 공급 측의 주체로서 상품시장이나 준공공재서비스에서 경쟁하는 관계에 있기도 합니다.

이와 같이 두 가지 유형의 기업을 포함하는 경제사회의 새로운 가능성을 타진해 보지만, "돈이 최고(地獄のさたも金次第)"라는 현대사회의 황금만능주의로 인해 그 실현 과정은 험난합니다. 보상(return) 없이 자금을 얼마나 모을 수 있을지, 무보수에 가까운 노동력을 어떻게 조달할 수 있을지에 관한 대답을 쉽게 찾을 수 없기 때문입니다. 일반적으로는 비영리단체가 제공하는 서비스나 재화의 유용성과 필요성에 대한 공감을 바탕으로 한 기부와 더불어, 노동시장에서의 노무 제공이라는 형태로도 기부를 받고 있는 것과 같습니다. 이러한 시점에서 전체를 다시 생각하고, 제도적인 고안의 가능성을 모색해 보도록 하겠습니다.

그렇다면 도대체 어느 정도의 규모로 비영리단체를 육성하면 좋을까요? 저는 시장경제원리에 근거한 경제시스템 전체를 혁명적으로 뒤집어엎자는 것이 아니라, 어디까지나 시장경제제도에 입각하여 영리기업이 사회적 요구의 많은 부분을 담당하는 것을 전제로 하고, 부족한 부분을 보충하는 조직으로서 정부와 비영리단체를 생각하고 있습니다. 국내총생산이라는 관점에서 말하자면, 정부의 국방에서의 역할을 별개로 할 때, 일본의 정부부문은 전전(戰前)에도 전후(戰後)에도 국민총생산의 20% 정도로, 정부의 역량은 충분하지 않습니다. 그러므로 그 부족한 부분을 보충할 수 있는 공급주체가 생겨나야 합니다. 즉 사회 전체가 지속적으로 재생산되기 위한 펀드 가운데 5분의 1 정도를 비영리단체와 정부가 지탱할 수 있도록 하는 제도적 장치가 만들어진다면 우리는 큰 불편 없이 생활할 수 있을 것입니다.

정부와 함께 국민총생산의 20% 정도를 담당하는 경제주체로 비영리단체를 상정하고 이를 육성한다는 관점에서 보면, 기부세제 등의 충실화를 통해 비영리단체가 정부와 공공서비스나 준(準)공공서비스의 제공을 분담할 수 있도록 하는 제도적 고안이 필요합니다. 또 가계와 비영리단체와의 관계에서는 재화와 서비스의 소비자로서 의사를 표명하는 것이 중요한 의미를 갖게 됩니다. 어떠한 측면을 열심히 지원하는 기업의 제품을 구입하는 것과 같은 간접적인 지지는 가계가 비영리단체에 기부와 자원봉사 등으로 참가하는 것과 같은 중요한 의미를 가집니다. 소비자들은 자신들의 투표권을 서비스나 재화의 구입이라는 시장에서의 일상적인 행동을 통해 행사하는 것이므로, 이를 통해 바람직한 사회를 구축하는 데에 공헌하고 있는 것이 누구인지에 대해 의사를 밝힐 수 있습니다. 이렇게 함으로써 영리기업과 비영리단체 사이의 복합적이면서 보다 바람직한 공급구조를 창출하는 것이 가능하다고 생각합니다. 공급자로서 영리기업과 비영리단체는 단순히 공존하는 관계만은 아닙니다. 경우에 따라서 전자는 후자의 중요한 지원자가 될 수도 있고, 혹은 시장에서 경합하는 상대가 될 수도 있습니다. 이러한 관계는 공급구조의 다양성을 만들고 품질이나 가격이 다른 다양한 선택 사항을 가계=소비자에게 제공할 수 있습니다. 다양한 요구와 기호를 가진 사람들에게 여러 가지 선택 사항을 제시하고 그 사람이 원하는 서비스를 제공하는 것은 중요합니다. 참된 풍요로움은 선택의 풍부함을 나타내기 때문입니다.

작은 정부를 추구할 때 부족할 것으로 예상되는 의료 등의 공공서비스는 우리들의 최소한의 생활수준을 보장하는 데 반드시 필요한 것입니다. 그래서 저는 반드시 작은 정부에 찬성하는 것은 아닙니다. 세금에 기반을 두고 재정 민주주의에 기초한 의회의 의결을 거쳐, 세금을 필요한 공공서비스에 배분하는 제도적 장치 또한 중요합니다. 그러나 다른 한편, 보다 작은 지역의 요구에 입각한, 시빌미니멈2)이라고 표현할 수도 있겠습니다만, 각각의 지역에서 필요로 하는 것을 국가라는 거대한 장치와는 다른 제도를 통하여 채울 수 있다고 생각합니다. 정부의 하청에 의해서가 아니라 국민들의 자발적 활동인 비영리단체에 의해 부족한 부분을 메울 수 있으며, 이때 시민적 권리의 행사가 널리 실현될 수 있다는 것은 의미 있는 일입니다. 이런 점에서 비영리단체는 소비자의 선택을 통해 혹은 기부나 노무의 제공을 통해 많은 사람이 자발적으로 의사를 표명할 수 있다는 특징을 가지고 있습니다. 이러한 의사 표시에 따라 자신들이 살고 있는 공간에 입각해 가계 측의 필요를 충족시키는 제도적 장치를 만드는 것이 비영리단체가 갖고 있는 가장 의미 있는 가능성 중 하나라고 생각합니다. 이러한 제도적 지향을 장려하고 촉진하는 제도 개혁이 필요합니다.

---

2) civil minimum: 1968년 2월 일본의 도쿄 도(東京都)에서 처음 사용한 용어로, 국민복지상 필요한 최저수준을 나타내는 지표인 국민생활환경기준에서 온 말이다.

4. 비영리단체가 직면한 문제점

지금까지 일본 시민사회는 이러한 비영리단체가 가진 가능성을 확실히 사회조직 속에 도입해오고 있습니다. 항상적(恒常的)인 조직은 아니더라도 사회적으로 해결해야 하는 문제가 발생했을 때 그 뜻에 공감하는 사람들이 모여 힘을 합쳐 문제를 해결하려고 하는 의식은 확실히 높아지고 있습니다.

〈그림 6〉 NPO법인의 인증 수와 해산 수의 추이

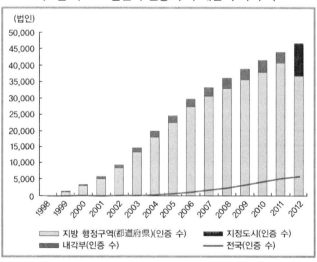

출처: 내각부(내무부) 웹사이트(website)를 바탕으로 필자가 작성
『NPO白書』, 2013, 8쪽.

1995년 고베대지진을 계기로 일본에서는 자원봉사활동이 점차 활발해졌고 그 흐름은 2011년 동일본대지진과 후쿠시마 원자력발전소 사고에서 큰 성과를 거두었습니다. 비영리단체로서 공적으로 인증된 조직 수는 〈그림 6〉에서 보듯 이 시기에 급속히 증가하고 있습니다. 그 규모나 질에서 문제를 안고 있기는 하지만, 사람들은 확실히 비영리단체를 통해 무언가 할 수 있다는 것을 깨닫기 시작했습니다.

　　이러한 면에서, 비영리단체는 공공서비스의 부족분을 시민 스스로가 자발적으로 보완하여 생존 보장을 충실히 하는 데 매우 중요한 역할을 하는 조직으로 기대되고 있습니다. 게다가 〈그림 7〉과 같이 이러한 조직에서 자원봉사를 하는 사람들의 연령별 참가율을 살펴보면 연령이 높은 사람들이 많습니다. 이것은 그들의 경험을 지역 사회에 활용할 수 있을 뿐 아니라 고령화사회가 진전되는 가운데 사회적 참여기회가 제한된 고령자들에게도 노동과 더불어 일하는 기쁨을 줄 수 있다는 장점도 있습니다.

　　이러한 시민 의식의 근저에는 정부가 믿을만 하지 못하다는 생각이 놓여 있을지도 모르겠습니다만, 그것뿐만은 아니라고 생각합니다. 예를 들면 2011년 동일본대지진 때, '학생이 할 수 있는 것은 무엇일까'라는 생각을 가진

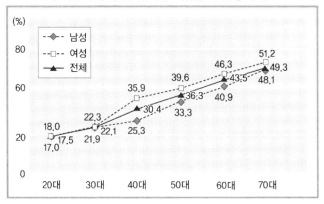

〈그림 7〉 연령별·남녀별 자원봉사 활동자 수

출처: 『기부백서(寄付白書)』 2013, 16쪽.

도쿄의 뜻있는 젊은이들이 지진 당일에 Youth for 3.11을 발족하였고, 1년 동안 총 1만 명의 학생들을 재해 지역의 복구작업 현장에 보내 왔습니다. 이것은 자원봉사의 의사를 가진 사람들과 그것을 실현할 수 있는 기회의 불일치를 줄이는 성공적인 사례가 되고 있습니다. 이러한 대규모 활동 사례 외에도 영리에 좌우되지 않는 사회적 활동의 가능성은 아주 높은 것으로 보여집니다.

　　다만, 현 상황에 여러 한계점도 있음이 조사를 통해서 밝혀졌습니다. 2014년 내각부의 조사에 따르면 자원봉사에 관심을 가진 사람들은 60%에 이르지만, 실제로 봉사에 참여한 사람들의 비율은 그 절반 이하에 지나지 않았

〈그림 8〉 자원봉사 활동에 대한 관심

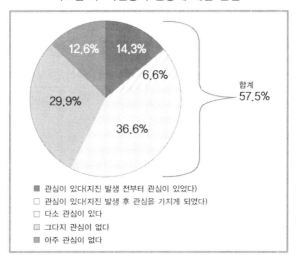

합계
57.5%

■ 관심이 있다(지진 발생 전부터 관심이 있었다)
□ 관심이 있다(지진 발생 후 관심을 가지게 되었다)
□ 다소 관심이 있다
▨ 그다지 관심이 없다
■ 아주 관심이 없다

〈그림 9〉 자원봉사 활동 경험의 유무

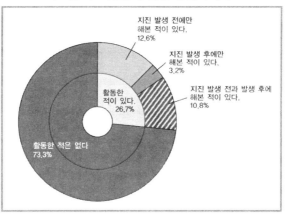

출처: 2012년 내무부 조사 자료(이하의 도표는 따로 밝히지
않는 한 이에 의거함).

습니다. 사람들의 관심과 참여 의사에도 불구하고 적절한 기회를 찾을 수 없는 상황, 즉 일종의 불일치(mismatch)가 있음을 보여주고 있습니다. 스스로 조직을 만들지는 못해도, 기존의 조직에 참가하려는 의사를 충분히 살려내지 못한 것입니다. 그 배경에는 직장 등으로 휴가를 낼 시간적 여유가 없다는 문제도 있겠지만, 하고 싶은 것을 할 수 있는 곳을 찾는 것이 어렵기 때문이라고 생각됩니다. 이러한 문제를 해결하기 위해서 기회에 관한 정보를 쉽게 얻을 수 있는 제도적 장치의 고안이 필요하다는 것은 말할 것도 없습니다.

그러나 이처럼 시민들의 높은 잠재의식에 응하는 것과 같은 대응만으로는 시민의 뜻을 살려 비영리단체에 지속적이고 사회적으로 유용한 활동의 기회를 제공해 주지는 못할 것입니다. 시민들의 시민의식 발현을 저해하는 요소가 현실적으로 많이 존재하기 때문입니다. 그중 하나는 공적 부문이 담당해야 할 공공서비스의 일부를 재정파탄 등의 이유로 비영리단체의 형태를 가진 하청조직에 이관하고, 저가의 서비스를 제공하려는 것입니다. 비영리단체의 활동 분야에 관한 조사를 보면, 인정(認定)과 불인정(不認定)을 불문하고 보험·의료·복지, 사회교육, 자녀 건전 육성 등의 분야가 비교적 많은 것은 이러한 상황을 보

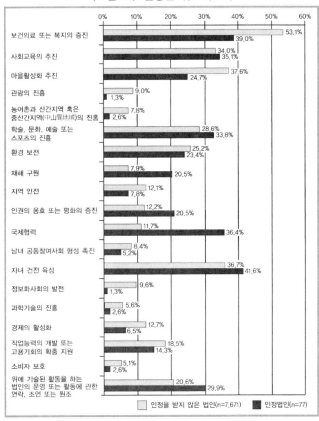

〈그림 10〉 활동분야(n=7,748)

보건의료 또는 복지의 증진 — 53.1% / 39.0%
사회교육의 추진 — 34.0% / 35.1%
마을활성화 추진 — 37.6% / 24.7%
관광의 진흥 — 9.0% / 1.3%
농어촌과 산간지역 혹은 중산간지역(中山間地域)의 진흥 — 7.8% / 2.6%
학술, 문화, 예술 또는 스포츠의 진흥 — 28.6% / 33.8%
환경 보전 — 25.2% / 23.4%
재해 구원 — 7.9% / 20.5%
지역 안전 — 12.1% / 7.8%
인권의 옹호 또는 평화의 증진 — 12.2% / 20.5%
국제협력 — 11.7% / 36.4%
남녀 공동참여사회 형성 촉진 — 8.4% / 5.2%
자녀 건전 육성 — 36.7% / 41.6%
정보화사회의 발전 — 9.6% / 1.3%
과학기술의 진흥 — 5.6% / 2.6%
경제의 활성화 — 12.7% / 6.5%
직업능력의 개발 또는 고용기회의 확충 지원 — 18.5% / 14.3%
소비자 보호 — 5.1% / 2.6%
위에 기술된 활동을 하는 법인의 운영 또는 활동에 관한 연락, 조언 또는 원조 — 20.6% / 29.9%

□ 인정을 받지 않은 법인(n=7,671) ■ 인정법인(n=77)

여주고 있습니다.

재정적 여유가 있다면 이들 서비스는 공공서비스로 이루어져야 마땅한 분야인데도, 이것들을 비영리단체로 이관함으로써 자원봉사를 이용하는 등 활동경비를 삭감

할 수 있을 것이라고 기대하는 것입니다. 이것은 비용을 줄이기 위한 행정의 하청화입니다. 원래는 적정한 고용기회를 보장하는 것에 힘을 쏟아야 할 정부부문이 저임금을 이용하기 위해 업무를 외주화하고 있는 것은 묵과할 수 없는 문제이며, 이 점은 아무리 강조해도 지나치지 않습니다. 임금을 벌충하는 듯한 '자원봉사 활동'을 추가함으로써 서비스를 유지할 수 있도록 많은 노력을 거듭하여 왔지만, 발생하는 고용 내용의 열악화(비정규, 저임금)와 제공되는 서비스의 열악화를 어떻게 피할 수 있을지 문제입니다.

이러한 서비스의 질과 고용의 질이라는 문제는 비영리단체의 자율적인 노력에 의해 어느 정도는 개선 가능하다고 생각됩니다. 그러나 하청화된 비영리단체는 원래 사업 활동의 계속성을 보증할 자금이 행정당국으로부터 지급되는 보조금·조성금 등에 의존하고 있기 때문에 ① 저임금을 이용하고자 할 경우 충분한 인건비가 계상되지 않으며, ② 사업의 계속성이 행정 당국의 판단에 따라 크게 좌우된다는 문제점을 안고 있습니다.

〈그림 11〉을 보면, 특히 인정법인에서는 총수입 중 보조금이 접하는 비중이 높고 서비스를 제공하여 수익자로부터 얻는 사업수입 등은 대단히 낮은 수준에 머무르고

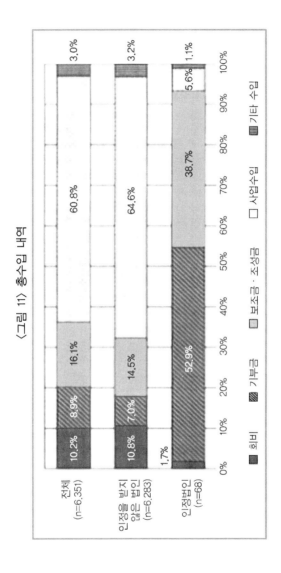

〈그림 11〉 총수입 내역

| | 회비 | 기부금 | 보조금·조성금 | 사업수입 | 기타 수입 |

전체 (n=6,351): 10.2%, 8.9%, 16.1%, 60.8%, 3.0%

인정을 받지 않은 법인 (n=6,283): 10.8%, 7.0%, 14.5%, 64.6%, 3.2%

인정법인 (n=68): 1.7%, 52.9%, 38.7%, 5.6%, 1.1%

〈그림 12〉 총수입 규모별 법인 유형

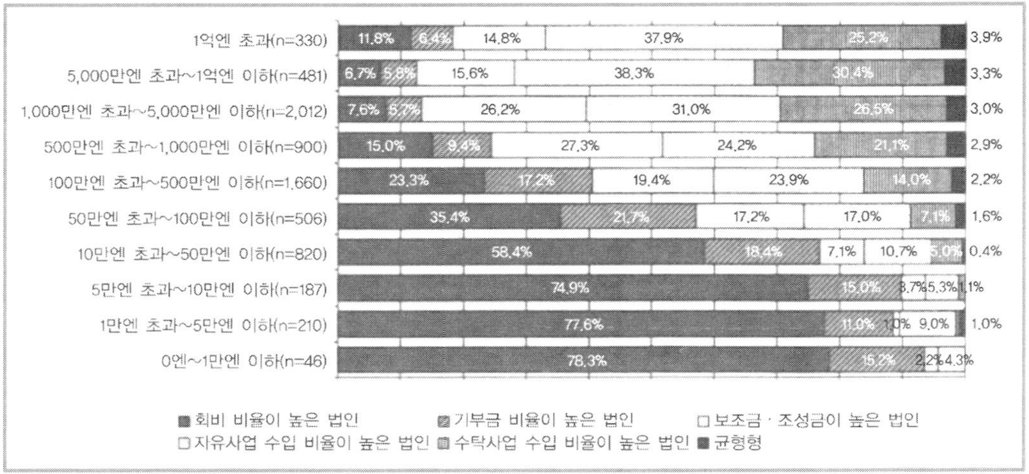

범례:
- 회비 비율이 높은 법인
- 자주사업 수입 비율이 높은 법인
- 기부금 비율이 높은 법인
- 수익사업 수입 비율이 높은 법인
- 보조금 · 조성금이 높은 법인
- 균형형

구분	회비 비율이 높은 법인	자주사업 수입 비율이 높은 법인	기부금 비율이 높은 법인	수익사업 수입 비율이 높은 법인	보조금·조성금이 높은 법인	균형형
1억엔 초과(n=330)	11.8%	6.4%	14.8%	37.9%	25.2%	3.9%
5,000만엔 초과~1억엔 이하(n=481)	6.7% 5.9%	15.6%	38.3%		30.4%	3.3%
1,000만엔 초과~5,000만엔 이하(n=2,012)	7.6% 5.7%	26.2%	31.0%		26.5%	3.0%
500만엔 초과~1,000만엔 이하(n=900)	15.0%	9.4%	27.3%	24.2%	21.1%	2.9%
100만엔 초과~500만엔 이하(n=1,660)	23.3%	17.2%	19.4%	23.9%	14.0%	2.2%
50만엔 초과~100만엔 이하(n=506)	35.4%	21.7%	17.2%	17.0%	7.1%	1.6%
10만엔 초과~50만엔 이하(n=820)	58.4%	18.4%	7.1%	10.7%	5.0%	0.4%
5만엔 초과~10만엔 이하(n=187)	74.9%	15.0%	3.7% 5.3%	1%		1.0%
1만엔 초과~5만엔 이하(n=210)	77.6%	11.0%	0%	9.0%		1.0%
0엔~1만엔 이하(n=46)	78.3%	15.2%	2.2% 4.3%			

있습니다. 물론 이러한 수입 구조는 사업 분야에 따라 다르겠지만, 우선 비영리단체를 〈그림 12〉의 총수입 규모별 법인 유형으로 살펴보면, 소규모 비영리단체에서는 회비에 의존하는 곳이 많은데, 1,000만 엔 초과, 5,000만 엔 이하까지의 2계층에서는 보조금에 의존하는 법인이 많은 것을 알 수 있습니다. 나아가 상층 비영리단체에서는 수탁사업에 의한 수입의 의존도가 높은 곳도 매우 많습니다. 이 둘을 합하면 일본의 대규모 유력 비영리단체는 그 절반이 공적 자금에 의존하고 있는 것이 아닌가 의심하지 않을 수 없는 실정입니다.

　다시 말하지만, 이러한 수입 구조의 특징은 향후 재정상황이 악화되면 공적 자금의 공급이 더욱 줄어들어, 조직 그 자체의 지속성을 위기에 빠뜨리는 위험을 안고 있다고 말할 수 있습니다. 이것은 시민조직으로서의 비영리단체의 자율성을 해치는 주요 병근(病根)이기도 합니다.

　이러한 수입 구조의 특징을 사업내용별로 구분해 보면 〈표 3〉과 같습니다. 보조금·조성금이 많은 법인과 수탁 사업에 의한 수입이 많은 법인을 합쳤을 때, 그 비율이 높은 것은 '관광진흥', '남녀 공동참여사회 형성 촉진', '직업능력개발 등'이며, 이것들은 모두 합계의 비율이 40%를 넘습니다. 그 뒤를 잇는 것으로는 '보험·의료·복지', '마을

활성화', '환경보전', '정보화사회의 발전' 등이었습니다.

〈표 3〉 주요 활동 분야별 법인 유형

	전체	회비 비율이 높은 법인	기부금 비율이 높은 법인	보조금·조성금 비율이 높은 법인	자주사업 수입 비율이 높은 법인	수탁사업 수입 비율이 높은 법인	균형형	수입 0엔
전체	7,731	1,742	851	1,370	1,750	1,263	164	592
	100.0%	22.5%	11.0%	17.7%	22.6%	16.3%	2.1%	7.7%
보건, 의료 또는 복지 증진	3,113	550	332	643	856	458	77	197
	100.0%	17.7%	10.7%	20.7%	27.5%	14.7%	2.5%	6.3%
사회교육 추진	464	122	65	45	102	80	11	39
	100.0%	26.3%	14.0%	9.7%	22.0%	17.2%	2.4%	8.4%
마을활성화 추진	848	208	72	158	168	153	12	77
	100.0%	24.5%	8.5%	18.6%	19.8%	18.0%	1.4%	9.1%
관광 진흥	145	24	6	35	34	27	5	14
	100.0%	16.6%	4.1%	24.1%	23.4%	18.6%	3.4%	9.7%
농어촌과 산간지역 혹은 중산간지역(中山間地域) 진흥	178	42	21	36	34	26	4	15
	100.0%	23.6%	11.8%	20.2%	19.1%	14.6%	2.2%	8.4%
학술, 문화, 예술 또는 스포츠 진흥	1,020	283	97	139	244	151	27	80
	100.0%	27.7%	9.5%	13.6%	23.9%	14.8%	2.6%	7.8%
환경 보전	820	211	101	165	125	137	14	67
	100.0%	25.7%	12.3%	20.1%	15.2%	16.7%	1.7%	8.2%
재해 구원	121	41	26	13	10	13	3	15
	100.0%	33.9%	21.5%	10.7%	8.3%	10.7%	2.5%	12.4%
지역 안전	145	48	24	20	12	25	2	14
	100.0%	33.1%	16.6%	13.8%	8.3%	17.2%	1.4%	9.7%
인권 옹호 또는 평화 증진	155	37	32	31	21	19	3	12
	100.0%	23.9%	20.6%	20.0%	13.5%	12.3%	1.9%	7.7%
국제협력	263	70	81	33	30	25	1	23
	100.0%	26.6%	30.8%	12.5%	11.4%	9.5%	0.4%	8.7%
남녀 공동참여사회 형성 촉진	85	12	12	15	14	24	3	5
	100.0%	14.1%	14.1%	17.6%	16.5%	28.2%	3.5%	5.9%

자녀 건전 육성	1,074	227	158	195	227	161	22	84
	100.0%	21.1%	14.7%	18.2%	21.1%	15.0%	2.0%	7.8%
정보화사회의 발전	230	70	14	17	42	64	5	18
	100.0%	30.4%	6.1%	7.4%	18.3%	27.8%	2.2%	7.8%
과학기술 진흥	122	55	14	14	5	19	2	13
	100.0%	45.1%	11.5%	11.5%	4.1%	15.6%	1.6%	10.7%
경제활동 활성화	221	68	19	22	45	35	3	29
	100.0%	30.8%	8.6%	10.0%	20.4%	15.8%	1.4%	13.1%
직업능력개발 혹은 고용기회의 확충 지원	435	69	29	101	106	87	10	33
	100.0%	15.9%	6.7%	23.2%	24.4%	20.0%	2.3%	7.6%
소비자 보호	104	45	10	3	17	15	0	14
	100.0%	43.3%	9.6%	2.9%	16.3%	14.4%	0.0%	13.5%
위에 기술된 활동을 하는 법인의 운영 또는 활동에 관한 연락, 조언 또는 원조	257	57	17	26	55	72	3	27
	100.0%	22.2%	6.6%	10.1%	21.4%	28.0%	1.2%	10.5%
※보건, 의료 또는 복지 증진 이외	4,618	1,192	519	727	894	805	87	395
	100.0%	25.8%	11.2%	15.7%	19.4%	17.4%	1.9%	8.6%

주: 음영색은 구성 비율이 제일 높은 유형.

　　이처럼 비영리단체가 가지는 문제점은 활동의 기반인 자금 조달이 약하다는 것과 표리관계에 있습니다. 인정제도(認定制度)가 확장되고 기부금의 소득세 공제 등의 조치가 뒤따랐지만 일본의 기부금 시장은 규모도 작고 그 기능 또한 불충분합니다. 2012년 12월 영국의 자선구호재단(Charities Aid Foundation)이 세계 160개국을 대상으로 기부와 봉사에 대한 랭킹을 공표한 것에 따르면, 1위 호주를 비롯하여 아일랜드, 캐나다, 뉴질랜드, 미국 등의 국가들이 상위를 점하였고 일본은 85위에 지나지 않았습니다. 그것도 지난해의 105위에서 '대약진'을 기록한 것으로, 그 배경에 동일본대지진이 있었다는 것을 감안하면, 항상적 (恒常的) 순위는 지난해의 100위 이하로 보는 것이 적절할 것입니다. 참고로 이 순위에서 한국은 45위, 홍콩은 19위, 몽골은 46위, 대만은 52위라고 보고되었습니다. 또 2013년 의 미국 기부 현황(Giving USA 2013)에 따르면 미국의 기부 총액은 25조 엔(법인 및 개인 포함)을 기록하였고, 영국의 기부 현황(UK Giving 2012)에 의하면 영국의 개인 기부는 1.2조 엔에 달하였습니다. 반면, 일본에서는 개인 기부가 5,000~6,000억 엔의 수준에 머무르고 있습니다. 이와 같이 기부금 시장의 규모가 미국이나 영국과는 큰 차이가 있음을 알 수 있습니다.

그렇지만 지진이 발생한 2011년의 개인 기부금이 대지진 관계로만 5,000억 엔에 달해 기부금이 2배로 는 것으로 보아, 잠재적인 자금 제공자가 적다고 단언할 수는 없습니다. 여기에서도 기부자와 기부를 필요로 하는 비영리 단체 사이의 불일치(mismatch)가 보입니다. 이러한 문제점을 단적으로 보여준 에피소드가 동일본대지진 기부금을 모금할 때 접수된 지원금과 기부금의 대부분이 일본 적십자사나 유명한 비영리단체 등에 집중됐다는 것입니다.

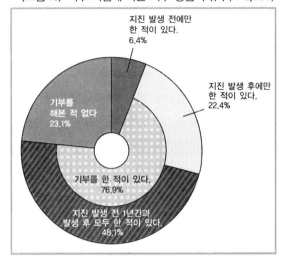

〈그림 13〉 기부 시점에 따른 기부 경험의 유무(n=3,000)

지진 발생 전에만
한 적이 있다.
6.4%

지진 발생 후에만
한 적이 있다.
22.4%

기부를
해본 적 없다
23.1%

기부를 한 적이 있다.
76.9%

지진 발생 전 1년간과
발생 후 모두 한 적이 있다.
48.1%

　　이러한 불일치의 주된 요인은 비영리단체의 정보 발신이 충분하지 않아 기부자가 기부할 곳을 선택할 수 있는 정보가 부족하기 때문입니다. 내각부의 조사에 의하면, 시간이 걸리는 자원봉사에 비해 비교적 손쉬운 기부의 경우 경험이 있는 사람은 전체의 4분의 3에 달합니다. 그중 대지진 후에 기부한 사람들이 전체의 4분의 1(기부 경험자의 3분의 1)입니다. 즉 기부금을 보내려는 의사는 생각보다 훨씬 널리 공유되고 있습니다.

　　그렇다면 기부자는 어떤 판단 기준으로 기부를 하는 것일까요? 이에 대한 조사 결과에 따르면, '기부의 용도가 명확하고 유효하게 사용되는가', '활동의 취지와 목적에 찬성과 공감, 기대를 할 수 있는가' 하는 점을 중시한다는 것이 명확하게 드러납니다. 즉 보상을 얻을 수 없는 기부금 시장에서 기부자는 사용 목적과 사용 방도를 신뢰할 수 있는가를 평가 기준으로 삼고 있습니다. 이는 기부자가 조직 활동 내용에 관한 질적 평가를 필요로 하고 있다는 것을 의미합니다. 영리기업이라면 수익성이라는 단일 기준으로 비교 가능하겠지만, 질적인 활동 내용들 사이에서 어느 곳에 기부하는 것이 기부자에게 높은 만족도를 줄지는 일괄적으로 판단할 수 없습니다.

각각의 기부자는 건강에 관련된 문제인지 교육 문제인지 환경 문제인지 그 활동 목표에 관한 점에서 각각의 선호에 따라 결정하면 되지만, 기부금이 확실히 유효하게 사용될지 어떨지는 그 조직 본연의 특성과 관련된 것으로, 이를 외부에서 얻을 수 있는 정보를 통해 판단하고 평가하기는 어렵다는 것이 비영리단체의 성장을 가로막는 중요한 장애가 되고 있습니다. 따라서 이러한 불일치를 줄이기 위한 제도적인 노력이 필요하다고 생각합니다.

〈그림 14〉 기부처를 고를 때 중요시하는 것

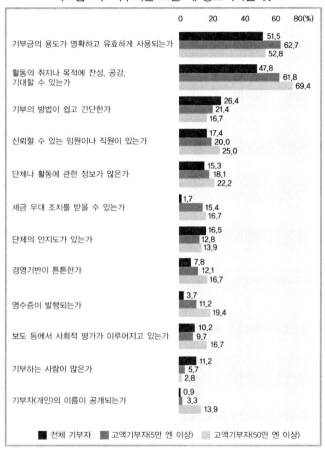

기부금의 용도가 명확하고 유효하게 사용되는가
51.5
62.7
52.8

활동의 취지나 목적에 찬성, 공감, 기대할 수 있는가
47.8
61.8
69.4

기부의 방법이 쉽고 간단한가
26.4
21.4
16.7

신뢰할 수 있는 임원이나 직원이 있는가
17.4
20.0
25.0

단체나 활동에 관한 정보가 많은가
15.3
18.1
22.2

세금 우대 조치를 받을 수 있는가
1.7
15.4
16.7

단체의 인지도가 있는가
16.5
12.8
13.9

경영기반이 튼튼한가
7.8
12.1
16.7

영수증이 발행되는가
3.7
11.2
19.4

보도 등에서 사회적 평가가 이루어지고 있는가
10.2
9.7
16.7

기부하는 사람이 많은가
11.2
5.7
2.8

기부자(개인)의 이름이 공개되는가
0.9
3.3
13.9

■ 전체 기부자　■ 고액기부자(5만 엔 이상)　▨ 고액기부자(50만 엔 이상)

5. 맺음말

2007년 11월, 저희들은 비영리단체평가연구회(주사는 다나카 야요이(田中弥生) 대학평가·학위수여기구 준교수)를 발족하여 비영리단체를 어떤 기준에 의해 객관적으로 평가할 수 있는지 검토하기 시작했습니다. 오늘의 발표도 연구회 참가의 성과가 담긴 것으로, 이러한 작업의 결과 2년 후에 비영리단체평가기준검토회로 계승되어 '엑설런트NPO평가기준'으로 정리되었습니다. 이후 이 평가기준을 보급시키기 위해 검토회는 '엑설런트NPO지향시민회의'로 개편되어 활동을 계속하고 있습니다.

본 시민회의는 일본의 비영리단체들이 조직을 질적으로 향상시키기 위해 이 기준을 자기 점검수단으로 활용해 주기를 바라고 있습니다. 나아가 2012년도부터 엑설런트NPO대상을 만들어 우수한 비영리단체에 대한 표창사업도 실시하고 있습니다. 이것들은 모두 지금까지 말씀드린 것과 같이 비영리단체가 현재 가지고 있는 문제점들의 해결 방법을 찾고자 하는 시도 중 하나입니다. 시장경제적인 영리원칙에 따라 단순화된 비교기준과는 달리, 조직의 활동 내용과 활동의 질에 대하여 일정 기준을 가지고 객관적으로 평가하도록 하는 것이 평가기준의 목적입니다. 이 평가기준이 받아들여져 기부와 자원봉사를 희망하는 사람에게는 비영리단체를 선택하는 데 참고가 되며, 비영리단체로서는 높은 성과를 실현할 수 있도록 자기 혁신을 촉구하는 데 도움이 되길 기대하고 있습니다. 이러한 기대가 만족되기까지는 아직도 많은 시간이 필요할 것입니다. 그러나 저희 시민회의의 활동은 그 목표를 향해 작은 첫걸음을 내디뎠다고 생각합니다.

왜 이러한 방향성이 요구되는가 하는 점은 가까운 미래사회를 어떻게 구상하느냐와 관련되어 있습니다. 이미 본론에서 말씀드렸듯이, 기존의 복지사회구상에서 기대하던 공공서비스의 충실화는 바라기 어려울 것입니다. 그 사회적 요구의 간극을 메우기 위해서 비영리단체가 시장에서 중요한 역할자가 될 것입니다. 영리와 비영리의 차이가 있지만, 이들 조직(기업)은 다양한 요구들을 마주하게 될 것입니다. 이렇게 하여 제공되는 재화와 서비스는 사람들에게 선호에 따른 다양한 선택지를 제공할 것입니다. 비영리단체가 제공하는 저비용이지만 표준적인 서비스도, 영리기업이 제공하는 고품질의 서비스도 모두 선택지가 되고 각 수익자의 예산 곡선에 따라 선택할 수 있다면 좋을 것입니다. 이러한 재화 및 서비스 시장의 변화는, 동시에 자금시장에서는 보상을 기대하는 투자시장과 활동내용의 선택에 의한 사회적 후생 향상을 기대하는 기부금 시장으로 나뉘는 것으로 이어질 것입니다. 그리고 노동력 시장에서도 사람들은 일과 삶의 균형(work-life balance)을 고려하고 혹독한 고용시장에서 일자리 나누기(work sharing)를 하며 여유시간을 자원봉사나 각자가 희망하는 문화적·인간적인 활동에 할애하게 될 수 있을 것입니다. 이러한 인적자원이 버팀이 되어 비영리단체는 양질의 표준적 서비스를 제공함으로써 영리기업과 공존할 수 있게 됩니다. 이렇듯 가계와 기업 부문(비영리단체 포함)을 잇는 3개의 시장이 각각 복선화함으로써 현대 경제학이 상정하고 있는 것 이상으로 유연한 경제사회를 구축할 수 있을 것입니다.

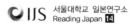

서울대학교 일본연구소
Reading Japan 14

질의응답

- 비영리단체의 현실이 운동체라고 하더라
- 도 그 목표는 비영리단체가 당연한 존재
  로서 영리기업과 더불어 시민권을 얻고,
  누구나 무엇인가 하고 싶다는 생각이 들
  면 자신의 생각을 실현할 수 있는 조직을
  어딘가에서 반드시 발견하여 참가할 수
  있고, 만약 찾을 수 없다면 스스로 만드
  는 데 아무런 망설임도, 아무런 저항도
  없는 시대를 만드는 것이며, 그러한 시대
  가 반드시 오리라고 생각하고 있습니다.

사 회: 질문이 있는 분은 손을 들어 간단하게 소속을 말해 주셨으면 합니다.

질문자: 네, 서울대 국제대학원의 한영혜라고 합니다. 많은 공부가 되었습니다. 의견과 질문이 있습니다. 교수님께서는 "기업은 무엇인가"라는 질문을 하시면서, 영리 목적 사업을 하는 집단이라고 하는 기본 전제와 조금 다른 관점에서 기업을 파악하고자 하셨는데요, 저는 사회학자로서 비영리단체(NPO)를 사회 운동의 측면에서 생각하고 있습니다. 제가 강한 인상을 받았던 것 중 하나는 엑설런트NPO의 평가를 위한 기준을 마련하면서 기존에 하지 않았

던 서류 작업들이 많아지고 있다는 것입니다. 역시 자금을 제공받은 이상 서류 작업이 필요하겠지만, 돈을 받기 위해서 여러 가지 서류를 작성해야 하는 등 본래의 목적 이외의 일이 늘어나고 있는 것이 사실입니다. 이러한 문제를 어떻게 보면 좋을까 듣고 싶습니다.

발표자: 확실히 말씀하신 대로입니다. 이에는 두 가지 측면이 있는데, 하나는 행정당국이 자신들이 해야 할 설명책임을 자금을 지원받는 비영리단체 측에 전가시켜 여러 가지 서류를 만들도록 하고 있습니다. 이와 같이 행정당국의 편의에 의한 것과 더불어 다른 하나는 비영리단체가 자금 면에서 행정당국의 보조금·조성금에 의존하고 있어 행정 당국의 하청 역할을 수행한 결과이기도 합니다. 모두 중대한 문제이지만, 우리가 시민회의의 활동을 통해 지향하고 있는 것은 비영리단체들이 행정당국에 대한 의존을 탈피하고 넓은 기반을 갖추도록 간단명료한 평가기준으로 스스로를 평가하고, 이에 기초하여 정보를 발신하여 시민들의 지원을 얻을 수 있도록 하는 것입니다.

그리고 한 선생님의 의견에서 중요한 포인트는 비영리단체를 운동으로서 어떻게 평가할 것인가, 그리고 어떻게 유지하느냐 하는 문제가 있습니다. 저는 일본의 비영리단체가 아직 미성숙하여, 사회 속에 자리잡은 역할자가 되어 있다기보다는 사회 밖에서 사회 안으로 자신의 위치를 찾으려는 단계에 있다고 보기 때문에 운동 단체로서의 성격이 강하다는 느낌이 있습니다. 물론 비영리단체는 이 사회의 부족한 부분에서 문제를 발견하고 스스로의 힘으로 해결하고자 하는 생각이 모여 조직화된 것이므로 그 자체가 운동체입니다. 그 운동이 재화와 서비스의 생산 활동으로 이어지기 때문에 이러한 발상에 주목하면 사회운동과 정치적 활동은 공통점이 있습니다.

다만, 좀 이야기가 비약될 수도 있겠지만, 자본주의경제사회가 생겨나 영리기업이 당연한 존재가 되기 이전의 시대를 상상해 봅시다. 그 시대의 추진력은 처음부터 영리를 목적으로 무언가를 하려고 생각했던 사람들이었을까요? 방직업에서 새로운 기계를 발명하여 공장을 만든 사람들이 "이걸로 돈 좀 벌겠는데" 하며 시작했을까요? 아니면 기계 발명을 통해 더 질 좋은 제품을 공급하고 싶다고 생각했을까요? 아마 양쪽 모두 있었겠지만, 기술진보 등을 통해 사회에 공헌하고 싶다는 생각이 영리기업 발생의 원동력이 아니었을까 하고 생각합니다. 돈벌이만은 아니었습니다. 만약 그렇다고 한다면, 지금 우리가 직면하고 있는 시대는 약 200년 전의 영리기업의 탄생기와 공통된 면이 있습니다. 즉 비영리단체라는 원리를 이용해 시대를 움직이려고 하고 있다는 것입니다. 그리고 비영리단체가 정식으로 경제사회의 중요한 일원이 되기 위해서는 상당히 강한 운동을 통해서 현재의 제도를 바꿔 나가야만 합니다. 그러므로 비영리단체의 현실이 운동체라고 하더라도 그 목표는 비영리단체가 당연한 존재로서 영리기업과 더불어 시민권을 얻고, 누구나 무엇인가 하고 싶다는 생각이 들면 자신의 생각을 실현할 수 있는 조직을 어딘가에서 반드시 발견하여 참가할 수 있고, 만약 찾을 수 없다면 스스로 만드는 데 아무런 망설임도, 아무런 저항도 없는 시대를 만드는 것이며, 그러한 시대가 반드시 오리라고 생각하고 있습니다.

이에 도달하기 위해 얼마나 많은 시간이 걸릴지 모

르겠지만, 실현을 위해서는 장기간의 꾸준한 운동이 필요합니다. 일본에서 주식회사제도가 정착하는 데 50년이 걸렸으니 그 정도의 시간을 생각해야 한다고 봅니다.

사 회: 예, 다른 질문 있는지요?

질문자: 서울대 일본연구소의 조관자라고 합니다. 강연 감사합니다. 복지국가라고 불리는 북유럽 국가들의 예를 보면 국가들이 세금을 높여서 정부가 공공서비스를 관할하는 구조입니다. 일본의 경우는 세금 부담이 낮은데도 정부의 지출이 너무 많아 적자가 되었다고 할 수 있습니다. 재정 적자를 해결할 방안이 없으므로 선생님은 공공서비스 영역을 중심으로 사회 구조를 바꿀 가능성을 제안하셨다고 생각됩니다. 그러면 왜 일본은 세수를 늘리는 것이 어려운지, 그것이 정치적인 이유인지 아니면 다른 저항이 있는지 질문을 드립니다. 또 하나는 NPO 활동을 낮은 사회 복지 수준을 보완하는 것으로 보았을 때, 그것은 복지국가 건설이 어려운 나라들의 선택 사항인가 하는 것입니다. 이에 대해 공공서비

스를 늘리는 아시아 국가들도 있겠지만, 일본이 지향하는 방향성은 무엇인지요? 또 한국에 대해 무언가 제안하실 것이 있는지요?

발표자: 일본의 보수정권은 일관되게 국민들의 의견에 대단히 약해서 세금 문제에 관해서는 국민들을 설득할 힘이 없습니다. 정치가들의 말에 힘이 없는 것도 있고, 국민은 정치가를 신뢰하지 않는 것도 있습니다. 그래서 증세라는 선택지는 상당히 신뢰받는 정치가가 나오지 않는 한 실현할 수 없습니다. 소비세 증세를 결단한 정치인은 다케시타 노보루(竹下登)와 하시모토 류타로(橋本龍太郎)뿐입니다. 모두 자민당(自民党)의 중도파로, 이케다 하야토(池田勇人)와 다나카 가쿠에이(田中角栄) 계통의 사람들입니다. 그들은 국민들을 설득하는 노력을 한 몇 안 되는 정치인들이었습니다. 그 이외에는 대중에 영합하여 정치 기반을 안정시키는 것에 전념할 뿐이었습니다. 정권 유지가 첫째이고, 국가도 국민도 부차적이었습니다. 그래서 증세 노선은 취하지 않은 것 같습니다. 나카소네(中曽根康弘)가 작은 정부를 만드는 데 열심이었던 것처럼, 강경파

발언을 하는 정치인일수록 민의에 영합적이었습니다. 지금의 정권은 특히 그러한 면이 강하기 때문에 지난 정권이었던 민주당이 증세를 결정한 이상 어쩔 수 없이 소비세 인상을 실시했지만, 그러한 전제가 없었으면 아마 아무것도 할 수 없었을 것입니다. 높은 위험 부담이 요구되는 것은 지금의 일본 정치에서는 할 수 없습니다.

이것을 전제로 하면 북유럽형 사회, 즉 고부담(高負担) 고복지(高福祉)를 목표로 하기 위한 장애물은 상당히 높다고 하겠습니다. 증세에 따른 높은 부담을 지우는 것이 어려울 뿐만 아니라 과거의 채무 때문에 높은 부담을 지운다 해도 높은 수준의 복지실현은 쉽지 않습니다. 증세로 부채를 상환해야 하기 때문입니다. 따라서 고부담의 복지는 일본에서는 현실적이지 않습니다.

재정적인 문제를 제대로 생각하지 않으면 안 되는데, 그다지 건설적인 의견이 나와 있지 않습니다. 경제 성장의 실현으로 어떻게든 할 수 있다고 생각하고 있지만, 극단적으로 말하면 국가의 공적 채무(국채)를 일본은행에서 가능한 한 많이 구입하도록 하여 그 전부를 '소금 절임(塩漬け)'해야 한다고

생각합니다. '소금 절임'을 한다는 것은 이를테면, 국가는 일본은행 보유분을 반영구적으로 상환하지 않겠다고 선언하고 보류해 버리는 것입니다. 시장에서 매매되는 국채를 대상으로 하면 국채가격이 폭락하고 통제할 수 없기 때문에 일본은행 보유분만을 대상으로 하여 상환을 유예하는 것입니다. 이를 통해 재정에 대한 국채비의 부담을 줄일 수 있습니다. 그렇게 되면 잔여 발행채권의 상환을 어느 정도 할 수 있다고 생각합니다. 물론 너무 극단적인 의견이므로 사람들이 듣지 않겠지만요.

이러한 이유로 인해 일본은 당분간 복지국가의 가능성이 없기 때문에 비영리단체에 주목하지 않을 수 없다는 것이 제 주장의 기본적인 배경입니다. 즉 그 정도의 재정적 제약이 없는 국가라면 적극적으로 사회 복지 정책의 전개를 통해 북유럽형 복지국가를 건설하는 선택은 당연히 있을 수 있다고 생각합니다. 추가로 자선활동의 국제적인 평가에서 앵글로색슨(Anglo-Saxon) 계통 국가들의 순위가 높은 것은 어쩌면 기부나 자원봉사 등의 사회 제도가 사회의 안전망으로 작용하고 있으며, 이들 국가의 정책이 시장 원리 경제 시스템에 기초한 저부담(低

負担) 저복지(低福祉)처럼 보여도, 그 뒤에는 기독교적인 사회의 안전장치가 작동하고 있다고 파악한다면 쉽게 이해될지도 모르겠습니다. 경제학자들이 시장주의적, 원리주의적인 논의를 할 때 주목하는 것은 그 사회 전체가 아니기 때문에, 외부에 안전망이 있음에도 그것을 무시한 채 그 경제만 보고 있습니다. 그렇기 때문에 그렇게 좁은 시야의 논의에서 생략된 부분을 포함해서 전체를 파악하는 넓은 시야가 필요합니다. 이것은 좀 더 조사해보고 싶은 문제입니다.

사 회: 다른 질문 있습니까?

질문자: 저는 문학을 전공하고 있는 서울대 일본연구소의 남상욱이라고 합니다. NPO는 국가에 세금을 내지 않으므로 NPO가 점점 늘어나면 국가의 세수가 줄어들 가능성도 있지 않나 하는 의문이 드는데, 만약 그렇다면 NPO와 정부와의 관계는 처음부터 좋지 않을 가능성이 있는 건 아닌가 생각하는데요. 어떻습니까?

발표자: 확실히 그러한 의문이 생길지도 모르겠지만, 우선 행정당국의 하청화되고 있는 부분은 원래 세금이 재원이 되기 때문에, 질문하신 것 같은 문제는 발생하지 않습니다. 다만 논의해야 하는 점은 가계로부터 거두는 세금이 적은 상태에서, 그것들이 비영리단체 등에 기부될 수 있다는 것입니다. 기부 세제 아래에서는 기부금에 대해서 일정 비율로 세금을 줄일 수 있기 때문에 확실히 국가의 세수가 줄어듭니다. 그러나 이러한 측면에만 국한해서 바라보는 것은 적절하지 않습니다. 복지 사회를 건설하기 위해 국가 수준에서 공통적으로 확보되어야 하는 급부 등이 세금을 통해 충분히 조달될 수 있게 하는 것은 국가의 책임이라고 생각합니다. 그런 의미에서 세금을 인상하는 것이 필요한 것입니다. 그러나 비영리단체에 기부 등을 통해 가계의 자금을 제공하는 것은 사회적 요구를 충족한다는 점에서 보면 무엇이 필요한지, 무엇이 충족되어야 하는지 각각의 가계가 스스로 선택할 수 있게 됩니다. 일상의 문제를 해결하기 위해 세금 인상을 받아들인 다음 그 용도를 국회와 정부의 결정에 맡기는 것이 아니라, 스스로의 의사를 표현할 수 있는 것

은 시민 사회의 모습으로서는 진전이라고 생각합니다.

사　회: 그밖에는 없습니까? 시간의 제한 때문에 먼저 질문을 받고 정리해서 답변해주시기 바랍니다.

질문자: 강연 감사합니다. 저는 선생님께서 생각하고 계시는 모델 안에서 가계로부터의 기부가 역시 중요하다고 생각합니다. 가계의 기부 역량(capacity)이라고 할까요? 지금 일본의 경제 상황을 생각하면, 가계가 그렇게 많은 여유가 없다고 생각하는데요, 그런 상황에서 향후 얼마나 그 기부의 역량(capacity)이 있다고 보십니까? 선생님의 고견을 듣고 싶습니다.

질문자: 발표 감사합니다. 저는 서울대 인류학과의 박사과정에서 가족문제를 전공하고 있는 지은숙이라고 합니다. 선생님의 말씀은 어쩌면 복지 NPO라든지 간호 NPO가 중심이 되었다고 생각합니다. 그런데 NPO 현장의 의견으로는 복지라든지 간호 NPO는 본래 NPO가 아니라고 생각합니다. 제가 인터뷰한 도쿄의 개호계통(介護系統)에서 활동하시는 분들

은 자신들의 역할을 개호보험제도 속에서 틈새를 메우는 단체로 생각하고 있었습니다. 그러나 정부의 역할 대신 NPO를 사용한다는 것은 제 생각으로는 조금 무리가 아닐까 생각합니다만, 선생님의 생각은 어떻습니까?

발표자: 먼저 첫 번째 질문에 대한 답변은 이렇습니다. 가계에 여유가 없기 때문에 기부 등은 그렇게 많이 기대할 수 없을 것입니다. 확실히 가계의 저축률이 지속적으로 하락하고 있기 때문에, 가계 수지의 흑자가 줄어들고 있음이 틀림없습니다. 그러나 전혀 여유가 없는 것은 아니며, 실물적 기부로는 적어도 가계에서 생기는 잉여 노동력이 있습니다. 일할 기회가 없기 때문에 수입은 줄지만 과잉노동력을 비영리조직의 활동에 환원할 수 있다는 것도 큰 의미가 있습니다. NPO에서 보면 금전적 기부를 받을 것인지 아니면 노동력을 무료로 받을 것인지는 거의 동일하다고 할 수 있습니다. 자원봉사자는 그 사람의 임금 부분을 기부하면서 노동력으로서도 기능하고 있는 것이기 때문에, 가계에서 기부하는 금전과 노동력은 상호보완적인 것입니다. 그중 하

나를 가계가 계속할 수 있다면 NPO는 어느 정도 존속 가능하다고 생각합니다. 하나의 가계가 어떤 선택을 할지는 각각 다르지만 거시적으로 보면 필요한 자원이 보완적으로 확보되는 것이 아닌가 생각합니다. 가계에 따라 그리고 사람에 따라서는 기부, 혹은 자원봉사자만 생각할 수도 있겠지만, 각자의 선택에 따라 전체적으로는 필요한 것이 충족된다면 된다고 낙관적인 생각을 하고 있습니다.

또 다른 질문은 비영리단체가 정부의 역할을 대신할 수는 없지 않을까 혹은 그러한 하청이 적절하지 않지 않은가 하는 것입니다. 그것은 부분적으로는 맞는 것이지만, 어떤 부분에서는 그렇게 간단하게 판단할 수 없다고 생각합니다. 예를 들어 경찰, 소방, 군사와 같은 것들은 적어도 비영리단체가 대신할 수 없다고 생각합니다. 영리기업이 참여할 수 없는 영역도 있지만, 그것도 조건에 따라 달라집니다. 예를 들어 사회 간접 자본으로의 교량 건설을 생각해보면, 그것을 유료로 건설해서 건설비가 회수될 수 있을 정도로 높은 요금을 책정하더라도 이용자가 줄어들지 않도록 하는 우대조치가 취해진다면, 이 다리의 건설도 영리기업이 담당할 수 있을 것입니다. 영리와 비영리, 정부 또는 민간의 문제에 대해 명확한 경계를 지을 수 없으며, 그 시대의 제도나 기술 수준 등에 영향을 받고 바뀔 수 있습니다. 그러므로 개호보험에 관한 서비스도 그것과 관련해서 개호라든지 의료에 차별적인 보상 요금 징수를 인정하고 고액의 보험 외 수익이 생기면 영리기업이라도 진출하는 것입니다. 일본도 격차사회(양극화사회)이기 때문에, 소득상위층만을 대상으로 한 고액의 의료 병원이 있을 수 있지만, 그것은 복지 개념과는 다른 것입니다. 중요한 점은 우리의 생존에 필요한 최소한의 사회적 요구가 충족될 수 있으며, 또한 보통 사람들이 지불할 수 있는 범위 내에서 충족될 수 있는 것으로, 그것을 어떤 조직이 제공할 것인가가 문제시되고 있습니다. 현실에 맞추어 지속적인 제도, 제도적 장치를 만들어 나가지 않으면 안 된다고 생각하고 있습니다.

질문자: 한국통신대의 정진성입니다만, 좀 전의 질문은 그래서 그러한 사업은 본래 정부가 담당해야 한다는 것이었습니다.

발표자: 그럴지도 모릅니다. 그래서 저는 정부가 경비 절감을 위해 행정 당국의 하청조직으로서 비영리단체를 이용하고 있는 것은 매우 심각한 문제라고 생각합니다. 그렇다고 그것을 정부의 손으로 되돌려 질과 양적으로도 충분한 수준을 유지하도록 요구하는 것은 무척 어려우므로 여러 가지로 고민을 하고 있습니다. 원칙적으로는 정부의 일이라고 하는 것이 맞습니다.

사 회: 정말 오랫동안 답변해 주셔서 감사합니다. 매우 유익한 질의응답이었다고 생각합니다. 선생님께 박수를 부탁드립니다.

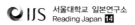

서울대학교 일본연구소
Reading Japan **14**

講演録

- 従来の福祉社会構想で期待されるよう
- な公共サービスの充実は望むことは難し
  いでしょう。その社会的ニーズの空隙を
  埋めるために、非営利組織が重要な市
  場でのプレーヤーとなります。

低成長期日本的福祉の限界と非営利組織

武田晴人

1. はじめに

　高齢化社会が到来する一方で、厳しい財政状態にある日本では、行政費の負担を削減するために政府サービスの受け皿として非営利組織への期待が強まっています。しかし、そこにはさまざまな解決すべき問題があるように思います。そこでこの報告では、①日本経済の現状、②非営利組織の考え方、③非営利組織の現状と問題点などに留意しながら、成長率が鈍化するなかで日本の福祉の現状に取り組むための道筋を考えてみたいと考えています。

　私は、日本経済史を専門とする研究者ですから、社

会福祉や非営利組織を研究してきた専門家ではありません
んが、そうした研究のなかで企業のあり方などを考え
てきました。その視点から、広い意味での企業活動を営
利と非営利の区別を設けずに検討する必要性を感じてい
ます。営利企業が必要な経済資源を市場から調達するこ
とができるのに対して、非営利組織では資金の調達や必
要な人材の確保に困難を感じるのがなぜかは、市場経済
のあり方の基本的な特徴にかかわっています。しか
し、その反面で営利企業は社会が必要とする財やサービ
スを十分に提供することはできない限界があります。
本論で詳しく述べるように財やサービスの生産の組織と
して企業活動をみたとき、営利と非営利の違いはその組
織が機能するための原理にあり、社会的なニーズを満た
す役割を果たしていることに変わりはありません。そ
して、そうした社会的なニーズという視点で見たとき
には、人々の最低限の健康で安心できる生活を保障する
ような福祉サービスがどのように提供されるかが、社
会の持続性にとっては不可欠な条件であり、その意味で
は現代経済社会が解決すべき基本的な問題をここでは取
り扱うことになります。言い換えると、企業とは、そも
そもどういう役割を果たしてきたのかということを考

えながら、最近の市場メカニズムに依存し過ぎている経済システムをどういうふうに制度設計し直せるのかということを考える。そのときに、企業の持っている営利性をいったん取っ払って考えていこうとしているのです。

　現在、私たちが経済システムの問題として耳にするのは、市場メカニズムを大いに利用すべきだという議論です。この議論では、市場メカニズムが現実には何をできるのかという問題についての十分な考察がないままに、万能の処方箋になっているところに疑問があります。しかし、今そのことを問わないとしても、市場メカニズムを前提にしたとき、第一に民間部門と政府部門はどういう役割分担をするのか、第二に政府部門が現在の主潮流である「小さな政府」を目標としているときに、それによって過不足なくこの経済社会が必要とするニーズが満たされるのか、第三に政府がやらなくなった仕事を代わりの経済主体がどう補うのか、その代わりの経済主体はどんなものかを考えざるを得ないのです。

　なぜかというと、「小さな政府」では、公共サービスをより効率的に提供することが本来的には求められて

います。それが言葉通り実現すれば何の問題もありません。つまり、政府が提供するサービスの量と質は同じ水準で、それを提供する仕組みが効率的になるのであれば問題はない。それなら、これから話す問題にわれわれは頭を悩ます必要はない。しかし、実際には「小さな政府」への改革が実現しているのは、公共サービスの量や質を落とすことによって政府の負担を小さくするものでしかない。民間企業が商品やサービスの品質を落とすようなことを平気でやっていたら、消費者から簡単に見放されてつぶれてしまう。しかし、同じようなことがおきているのに、政府はつぶれないらしい。その結果、経済社会全体の持続性を確保するために必要な公的サービスの不足を、だれがどう補うかを考えないといけない。その答えを見つけないと、我々はこれまで目指してきたような豊かな社会を実現できない。もちろん、このままでも「勝ち組」だけには快適な社会を作ることはできるかもしれません。しかし、そのような選択が望ましいとは思わない、ということです。

　現在の日本では財政上の限界から生じている低福祉を補完するために政府の下請け機関として非営利組織が動員されています。このような非営利組織の自立性の喪

失は、非営利組織が持つ市民社会の変革への可能性を閉ざす危険も伴っています。そうした日本の現状を紹介しながら、寄付金市場におけるミスマッチ、雇用不安のなかのワークシェアの限界・ワークライフバランスの問題点などに留意してお話ししたいと思います。

2. ゼロ成長下の財政破綻

第1図 経済成長と雇用情勢

出典:『東洋経済経済年鑑』より作成。

成長率の低下のなかで、雇用情勢は1990年前後のバブル期を除いて一貫して低迷し、高い失業率が続いています(第1図参照)。有効求人倍率はバブル期を除いて長い期間1以下の水準にとどまっています。そのために成長率の低下とX字状にクロスするように完全失業率が急上昇し、2000年代には高水準を保っています。

　このような成長率の低下と雇用情勢の悪化のもとで、政府は大規模な景気対策を財政面から繰り返し行ってきました。その結果、1980年代に第二臨時行政調査会答申に基づく財政再建によって改善の途をたどっていた財政収支は、1990年代には急激に悪化し、現在では公的債務が1,000兆円に達するほどになっています。これらの債務は国内の家計貯蓄と法人貯蓄によっておおかたは国内で保有されており、多額の対外債務が生じているわけではありませんが、これだけ多額の債務の累積が日本経済にとって重大な制約であることはいうまでもありません。2013年度政府財政を例にとると(第1表)、税収47兆円、国債収入45.5兆円であり、歳入の4分の1が国債の利払い等に必要であり、29兆円あまりの社会保障費などの削減と、増税が不可避となっています。

　すでに2014年4月から消費税率を5%から8%へと増税

第1表　2013年度予算　　　　　　　　　　　　　　　　　　単位：億円

歳出		926,115	100.0%	歳入		926,115	100.0%
基礎的財政収支対象経費		703,700	76.0%	租税・印紙収入		430,960	46.5%
	社会保障費	291,244	31.4%		所得税	138,980	15.0%
	地方交付税	163,927	17.7%		法人税	87,140	9.4%
	文教・科学振興	53,687	5.8%		消費税	106,490	11.5%
	公共事業	52,853	5.7%		その他	98,350	10.6%
	防衛	47,538	5.1%	その他		40,535	4.4%
	その他	94,742	10.2%	年金特例公債金		26,110	2.8%
国債費		**222,415**	24.0%	公債金		**428,510**	46.3%
	利払い費	99,027	10.7%		建設公債	57,750	6.2%
	償還費	123,388	13.3%		特例公債	370,760	40.0%

出典: 財務省作成資料による。

し、翌年秋には10%にと引き上げることが予定されています。しかし、消費税を5%引き上げることで得られる税収の増加分は10兆円程度に過ぎません。財政のプライマリーバランスを消費増税だけで解消するためには、25%程度に税率を引き上げなければならないし、1,000兆円に達している公的債務残高を削減するためにはそれ以上が必要になります。

　それ以上に重大な問題なのは、仮に「アベノミクス」のような経済成長追求策が奏功して経済成長率が好転

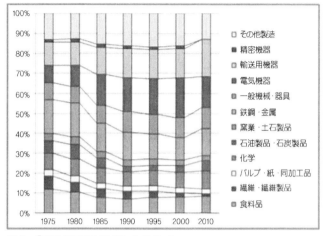

第2図　製造業出荷額構成の推移

出典:『東洋経済経済年鑑』より作成。

し、これに伴って市場金利が正常な状況に復帰するように動き始めると、金利1%の上昇が10兆円の国債費増加につながります。つまり市場金利が1%上昇して国債発行条件がその分だけ金利を上乗せしなければならなくなると、それだけで消費税率の5%引き上げ分を食い尽くしてしまいます。景気回復によって財政再建を図るというのは、実現不可能な空論なのです。個人的には累積した債務を棚上げしなければならない状況にあると思いますが、それについては詳しくお話しする余裕はありませんけれど、いずれにしても財政面から見る限り、国

第2表 サービス生産の増加

	1970	1980	1985	1985	1990	1995	2000	2010
物財生産部門	51.7	44.8	41.4	40.9	41.8	31.8	29.9	26.3
農林水産業鉱業	7.4	4.5	3.8	3.5	2.8	1.9	1.7	1.3
製造業	35.8	30.2	30.2	29.5	29.1	21.9	21.1	19.6
素材	13.2	9.4	8.9	8.5	8.2	6.4	5.8	6.0
加工組立	14.3	12.7	13.5	13.2	13.3	9.8	9.7	8.8
その他	8.5	8.0	7.7	7.8	7.6	5.7	5.6	4.8
建設業	8.4	10.1	7.5	7.9	9.9	8.0	7.1	5.4
ネットワーク部門	30.8	32.4	33.2	38.9	38.6	41.4	42.0	43.6
電気・ガス・水道業	2.6	3.0	3.4	3.5	3.0	3.1	3.2	2.9
運輸通信	7.1	6.2	6.4	6.6	6.4	8.8	9.6	10.3
商業	14.2	15.0	14.4	13.4	12.8	14.7	13.5	13.7
金融保険不動産	6.9	8.4	8.9	15.4	16.4	14.8	15.7	16.7
知識サービス生産部	17.6	22.7	25.4	20.2	19.6	26.8	28.1	30.1
マネジメントサービス	4.2	3.9	6.1	4.8	5.2	5.4	6.3	6.8
教育サービス	2.6	4.1	4.1	4.4	4.2	3.4	3.4	3.4
医療・健康サービス	2.0	3.2	3.2	5.6	5.0	11.7	11.7	12.7
レジャー関連サービス	4.3	4.1	4.4					
家事代行サービス	1.3	1.4	1.6					
公務その他	3.2	6.1	6.0	5.5	5.2	6.3	6.7	7.2
全産業	100.0	100.0	100.0	100.0	100.0	100.0	100.0	100.0

素材は繊維、紙パルプ、化学、石油・石炭製品、窯業、第一次金属
加工組立は一般機械、電気機械、輸送用機械、精密機械、金属製品
その他は、食料品ほか1985~90でデータは不連続。1985年までは経企庁
の試算、以降は筆者推計。ただし一部データに不正確なところがある。
出典: 国民経済計算より算出。

による社会福祉の充実は期待できない、むしろその削減

によって生存を保障するような仕組み、社会的な包摂の

不完備性が顕在化していくことが不可避になっているこ

とを認めざるをえないのです。

　しかも、これまで日本の経済発展を支えてきた産業構造の機械工業化が行き詰まり、サービス産業化が進んでいることは、日本の潜在的な経済成長率を低下させています。2000年まで進行していた製造工業部門の機械工業化は21世紀にはいって停滞し、より広い視点で見たときサービス産業化の進行が顕著となっています。製造業出荷額の構成でみると、第2図のように機械工業部門(一般機械、電気機械、輸送用機械、精密機器)のウエイトは2000年代には明らかに低下しています。

　他方でサービス生産の比率は第2表のように確実に拡大しています。この表は、国民所得統計を経済企画庁がサービス産業の国民経済上の位置を示すために工夫したものですが、これで明確なように、1970年代からゆっくりと進んできたものを作る産業分野の地位の相対的な低下は、1990年代に入って急進展しています。1985年のところでデータが連続していないために、長期の比較には問題点が残りますが、物的生産部門の地位の低下という傾向は大きな間違いはないと思います。

　サービス産業化が進展していることは、大衆消費社会のなかで進行した消費の多様化と高齢化社会の到来に

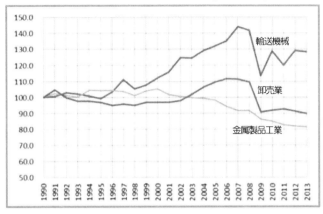

第3図 業種別の生産性指数の推移(1990=100)

出典: 国民経済計算より算出。

対応したものです。それは医療や介護などの対人サービスのニーズが増加していること、男女を問わず結婚を選択しない人たちの比率が増え、しかも高齢者のなかにも単身者世帯の増加していることに影響されています。つまり、それまで主婦たちの家事労働に委ねられていたサービスの多くが市場を経由して調達されるように変わっているのです。

　そうした変化は、消費者の選択が多様性のもとで自由を拡大しているという限りでは望ましい変化の方向に進んでいるように見えます。しかし、サービス産業の生産性は概して低く、しかもその上昇のテンポは緩慢で

す。第3図で明らかなように、自動車を代表業種とする輸送機械産業と鉄鋼などの金属工業、そして卸売産業の3つを比べてみると、機械が2000年代半ばまで生産性の上昇がみられたのに対して、金属の生産性の増加テンポは緩慢で小幅であり、リーマンショック後には機械とともに大幅な生産性の低下に見舞われています。これは、機械工業が主導産業となることによって経済成長が促される程度が大き一方で、その伸びの鈍化と産業構成上の地位低下が潜在成長率を下げる可能性が高いという前述の指摘を裏付けています。同時に生産性が傾向的に低下しているサービス部門が産業構造の中心になることの持つマクロ的な影響も読み取ることができます。つまり、サービス部門の増大は、雇用の増加にはつながってもマクロの経済規模の拡大にとっては強い制約になるのです。このような変化の進展を与件とする限り、日本経済はゼロに近い水準での成長率を前提とした持続可能な社会の構築が求められているということになります。

3. 非営利組織の可能性

　経済学では、主要な経済主体である企業、家計、政府の役割分担を第4図のように描いています。この図の中で重要なことは、企業と家計は「ヒト、モノ、カネ」という取引の要素をめぐって3つの市場(資金市場、労働市場、商品市場)を介してつながっていることです。そして、3つの市場の一つでも機能不全を起こせば経済システムに障害を起こすことになります。

第4図　標準的な経済システムモデル

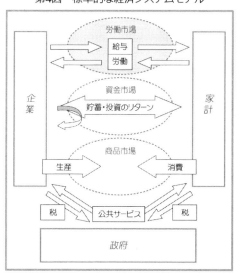

この図に示されているように、企業と家計との間では、①労働の供給と賃金の支払い、②投資とリターン、③財・サービスの供給と消費、という関係があります。そして民間部門の供給では足りない部分について、税を原資として政府が公共サービスを担うという構造です。

　この図から、この社会で企業が果たしている役割を抽出すると、企業の側からみた主要な機能は、①商品やサービスをつくる「生産の機能」、②投資機会を提供する「資金市場での機能」、③雇用機会を提供する「労働市場での機能」の3つがあります。したがって、企業はこの3つの基本的な機能を果たすことによって、経済社会の主要な生産組織になっていると考えられます。

　これに対して、現在では「企業はだれのものか」式の議論で、一般的には、専ら資金市場での関係を中心に株主による所有関係に重点をおいて、企業を議論することのほうが多いようです。しかし、上の構図をしっかりと見れば、このような議論の仕方が、かなり偏った見方だということがわかります。

　一般的と言ったのは、アメリカ型のコーポレートガバナンス論では、①会社というのは株主集団の所有物

であって、②経営者は株主の財産を委託されて株主の
エージェントになっているだけであり、株主に奉仕す
ることが経営者の役割であるといわれています。しか
し、それは株主の「勝手な言い草」という面があって、「家
計」から見れば、雇用の機会を提供してくれることも大
事、そして、何よりも生活に必要なモノを供給してくれ
ることが大事なのです。それをしない企業は、あって
もなくてもいい。言い換えると、所有構造だけから企業
を論じるのは、現代経済社会の中で企業が果たしている
機能の一部分しか見ていない、評価していない点で問題
があるのです。

　なぜ、このような批判的な視点を強調するのかと
いうと、日本企業の歴史を振り返ってみると、アメリカ
流の議論とは対極的な姿が浮かび上がるからです。日本
人の企業観には、①企業はだれのものでもない、社会的
な公共性をもつものであり、②第一義的には永続性を求
められる生産組織だ、という考え方が支配的でした。そ
れは1980年代の日本型経営論のような歴史の浅いもので
はなく、江戸時代の日本の商家経営のあり方などにまで
遡って、見出すことができる伝統的な考え方です。

　そういう考え方が伝統的にあるからこそ、日本の場

合には、企業は、①所有権を制限し、所有と経営を分離する、②経営は専門的な経営者にゆだねる(経営を専門的で独立した機能と見なす)、③経営者は株主のエージェントではなく、株主と対等の関係で、専門性のある人間が尊重される、ことになってきたのです。これらの特徴が、日本の経営史研究では、事業組織をつぶさないための、企業の持続性を保つための工夫でした。

　持続性を持つ生産組織としての企業は、経済資源の配分と使用にかかわる主役の位置にいます。一般的には市場経済的な仕組みがいろいろな経済資源の配分を自律的に行うと考えられています。しかし、現代経済社会の特徴は、市場経済による自律的調整一本ではなく、調整の重要な役割を企業も分担しています。企業の中で行われるさまざまな資源の配分と調整の仕組みは、話し合いによる意思決定に基づくものですが、その役割が大きくなっています。つまり現代経済社会というのは、市場による調整と組織による調整、あるいは競争による調整と意思決定の権限を基礎とする話し合いによる調整という両面があります。2つの調整方式(市場と組織)が機能してきたことが車の両輪となって経済発展が可能になってきた、その両輪がうまく回ることではじめて現代的な資本

主義経済制度が発展してきのではないかと思います。

　このように商品を生産するために経済資源の合理的な調整と配分を行う組織として企業をみたとき、営利という目的は、この組織が能率良く目的を果たすために必要とされてきたのです。企業には、いろんな効用関数を持つ、いろんな人たちが1つの生産の目的のために集まってきます。ですから、その多様な利害・関心を調整するために、金銭的インセンティブを与えることが単純明快なものとなります。投資家に対しては配当を、経営者に対してはボーナスを、労働者に対しては賃金を払うというような、金銭的な報酬で報いる仕組みが作られ、このような仕組みのために、ステークホルダーの間の共通の利害として利益の極大化が求められる、それが営利原則なのです。

　営利企業がなぜ営利原則に従うかというのは、そもそも、それを目的としているからだといわれますが、本当は営利を目的として生まれてきたわけではありません。「会社設立の目的」について考えてみると、現代では「金もうけのため」という人もだんだんふえているのでしょうが、もともとはそうではない。何かやりたいこと、たとえば発明を生かしたいなどの動機が設立目的

の基礎にあると考えられます。おそらく、商品を生産し、サービスを提供するという本来的な機能に即して目的が設定されていたのではないかと思います。ところが、今では、あたかも企業は利益をあげることを目的に設立されているというように、手段と目的が逆転している、それが「営利が自己目的化している」ということです。

　もともと何かやりたいことが先にあると考えることができれば、営利企業と非営利組織の間に大きな差がないことが分かるのではないかと思います。それにもかかわらず、株主主権の企業論はこのような関係のうち、資金市場のみを重視するものです。その点で構造的な視点に欠けています。それ故に現在の日本経済は、そのようなゆがんだ考え方に基づいた「改革」によって大きな困難を抱え込んでいます。この考え方は、雇用に厳しい経済状況を作り出すことで家計部門の消費抑制に伴う国内市場の縮小、税収の停滞などから経済の低迷状況の打開策を見いだせなくなっています。とくに1997年の金融危機以来、企業部門は有利子負債の返済によって現在では投資主体ではなく、貯蓄主体として家計とともに政府債務を支える役割を果たしており、大幅な法人税減税が行われたにもかかわらず、投資には慎重な姿勢を

維持しています。

　他方で財政破綻に瀕している政府は公的サービスを削減することに懸命であり、その結果、必要な社会的ニーズが営利企業でも政府でも供給できないという状況にあります。そのために社会的な亀裂が大きく、その亀裂のなかに失われた社会的ニーズの隙間が埋められないままとなっています。このような問題を解決するために、営利企業ではなく非営利組織(NPO)が活動の場を与えられることになりました。NPOは財やサービスの主体としてみれば営利企業と共通するところの多い生産組織であり、その違いは、出資者に対してリターンを返すかどうかだけに過ぎません。

　経済社会の全体の構図のなかに改めて非営利組織を組み込んで書き改めてみると、第5図のようになります。もともと企業には、家計に対して雇用の機会を提供し、貯蓄の運用の機会を提供し、そして、さまざまな新しい商品を供給して、家計の消費生活の豊かさを作り出す機能を与えられています。これらの機能は営利企業でなければできないということではないことはこれまでの説明で理解できるでしょう。つまり非営利でも、やろうと思えばできます。例えばヨーロッパで注目されて

第5図　非営利組織を加えた経済システムモデル

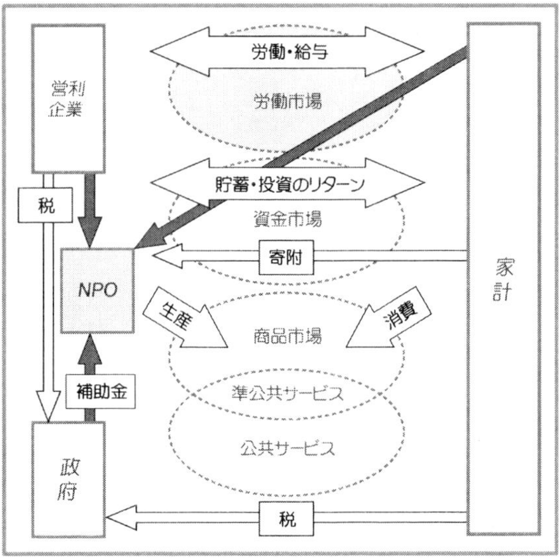

いる社会的起業や協同組合的なものは、出資者に対する
リターンは、サービスの質の高さだけだとか、組織の
利用権のような形でしか保障されない。そういう仕組み
が、営利企業と競合し得る範囲内でも、非営利組織やそ
れに類似する組織が活動しています。つまり、営利原則
にこだわらない組織が営利企業を代替する機能を果たし
ていることが観察できる。それなら、そうした組織に
ついて、きちっと考えを詰めていけば、新しい可能性
が開けるのではないかと思うのです。

さて図は非営利組織を加えただけでかなり複雑になっています。営利企業と非営利企業との2つのタイプの企業があることを前提に、まず政府と非営利企業では、不足する公共サービスや準公共サービスの提供を分担するという関係になる。これに対して、家計と非営利企業の関係は、家計と営利企業と同じです。つまり労働市場を介して労務を提供するし、資金の市場として資金を提供する、貯蓄の一部を提供するということになります。同時に生産されたサービスを購入するという関係になる。営利企業と非営利企業の関係は、相互補完的に資金を提供し合いサービスを購入し合う関係でもあり、と同時に、同じ供給側の主体として、商品市場や準公共財サービスにおいて競争する関係にも立つとみなすことになります。

　このように2つのタイプの企業を含む経済社会の新しい可能性を考えると、その実現の道が険しい理由は、端的にいって、現代社会では「地獄のさたも金次第」ということです。リターンのないお金をどれだけ集められるのか、無報酬に近い労働力は調達できるのかについて簡単には答えはみつからないからです。一般的には、そこで提供されるサービスや財に関する有用性・必要性

に対する共感に基づいた寄附によると考えられている
のだと思います。それに加えてNPOは、労働市場におけ
る労務の提供という形でも、寄附を受けているのと同じ
です。そうした視点で、全体を考え直し、制度的な工夫
の可能性を探っていくことにしましょう。

　こういうふうにお話をすると、一体どの程度の規
模にまでNPOが育てばいいのかという問題も気になる
と思いますが、私の考え方は、市場経済原理に基づく経
済システム全体を革命的にひっくり返そうというもの
ではありません。あくまでも市場経済的な仕組みに基づ
いて営利企業が社会的ニーズの多くを満たすことを前提
に、それだけでは足りない部分を補う組織として政府と
非営利組織を考えるものです。国内総生産という視点で
表現してみると、軍事関係の政府の役割を別にすれば、
日本では、戦前でも戦後でも政府部門は国民総生産の2割
程度です。その政府の力量が不足しています。ですから
その不足を埋め合わすくらいの割合を占める供給主体が
生まれればいいのです。つまり、社会全体が持続し再生
産されるためのファンドのうち、5分の1程度がNPOと政
府に回っていくような仕組みができれば、我々はそん
なに不便を感じないですむだろうと考えることができ

るはずです。

　国民総生産の2割程度を政府とともに担える経済主体として非営利企業を考えて、それを育てるという視点からは、寄付税制などの充実によって政府と非営利企業とが公共サービスや準公共サービスの提供を分担することができるような制度的工夫が必要になります。また、家計と非営利企業との関係では、財やサービスの消費者としての意思表明が重要な意味を持つでしょう。こうした側面への支援に熱心な企業の製品を購入するというような間接的な支持は、家計が非営利組織に寄付やボランティアなどとして参画すると同様に重要な意味を持ちます。消費者は自分たちの投票権を、商品や財の購入という市場での日常的な行動によって行使していますから、それを通して望ましい社会の構築に貢献しているのが誰であるのかを表明できます。そうすることで、営利企業と非営利企業との複合的な、より望ましい供給構造をつくり出す可能性を持つと考えています。供給者としての営利企業と非営利企業とは棲み分ける関係だけではありません。場合によっては前者は後者の重要な支援者になりますし、場合によっては市場で競合する相手にもなり得るからです。そうした関係は供給構造の多様性

を作り出し、品質とか価格の違う多様な選択肢を家計＝消費者に提供することができます。様々なニーズとその優先順位について多様な考えを持った人々に対していくつもの選択肢を準備し、その人にあったサービスを提供することが大事なのです。本当の豊かさは、選択肢の豊富さに現れるからです。

　小さな政府が追及されることによって不足することが予想される医療などの公共サービスは、私たちの生活の最低限の水準を保証する上で不可欠です。だから、私は必ずしも小さな政府に賛成しません。税を基盤として、財政民主主義に基づいて議会の議決を経て、税金を必要な公共サービスに配分するという仕組みも大事です。しかし、他方では、より狭い地域のニーズに即した、シビルミニマム的にとでも表現すればよいでしょうか、それぞれの地域で必要なものを、国のレベルの大きな仕組みとは異なった制度のもとで満たすことができると思います。政府の下請ではなく、民の側の自発的な活動が非営利企業として展開することで、不足する部分を埋めること、その際に市民的な権利の行使が広く実現できることは、意味のあることです。その点では、非営利企業は、消費者の選択を通して、あるいは寄附や労

務の提供を通して、多くの人が自発的に意思を表明できるという特徴を持っています。その意思表示によって、自分たちが住んでいる空間に即して家計の側のニーズを満たす仕組みをつくることは、非営利企業・非営利組織が持っている、最も意味のある可能性の1つだと私は考えています。そうした方向を勇気づける、促進するような制度改革が必要なのです。

4. 非営利組織の直面する問題点

　日本の市民社会は、これまでのところこのような非営利組織の持つ可能性を確実に社会システムのなかにビルトインしつつあります。恒常的な組織でなくとも、社会的に解決されなければならない問題が発生し、その志に共感する人たちが集まって力を合わせて問題を解決するように努める、そうした意識は確実に高まっています。

　1995年の阪神淡路大震災を契機に日本ではボランタリーな活動が次第に活発化し、その流れは2011年の東日本大震災・福島原子力発電所事故において大きな成果を

第6図　NPO法人の認証数と解散数の推移

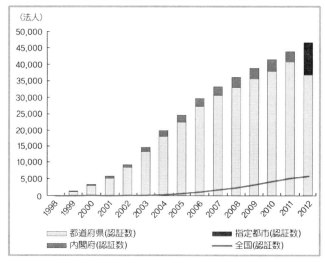

出典: 内閣府(website)をもとに筆者作成
　　　『NPO白書』、2013、8頁。

収めました。NPOとして公的に認証されている組織数は第6図に示されているように、この間急速に増加しています。その規模や質には、後述するように問題が残っているとはいえ、人々は確実に非営利組織によって何かをすること、何かができることに気がつき始めています。

　NPOは公的サービスの不足を市民自らが自発的に補い、生存の保障を充実していく上できわめて重要な役割

第7図 年齢別・男女別ボランティア活動者率

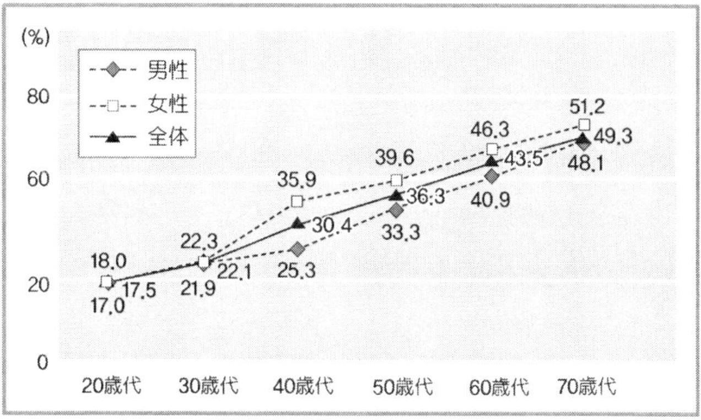

出典: 『寄付白書』、2013、XVI頁。

を期待されています。しかも、第7図のようにそうした
組織におけるボランティアの年齢別参加率は高齢者ほど
高く、そうした人々の組織への参加が促されれば、その
経験・地域を社会的に活用することができるばかりでな
く、高齢化社会の進展のなかで社会的な参加の機会が制
限されることの多い高齢者たちにも、働くことや共働す
る喜びを与えることが可能になるというメリットもあ
ります。

　あてにできない政府が、そうした市民意識の根底に
は横たわっているかもしれませんが、それだけではな
いと思います。たとえば2011年の東日本大震災に際し

第8図 ボランティア活動への関心

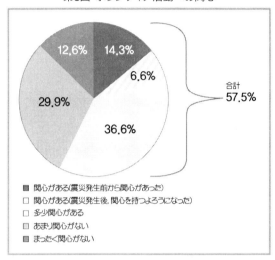

14.3%
6.6%
36.6%
29.9%
12.6%

合計
57.5%

■ 関心がある(震災発生前から関心があった)
□ 関心がある(震災発生後,関心を持つようになった)
□ 多少関心がある
▨ あまり関心がない
▨ まったく関心がない

第9図 ボランティア活動経験の有無

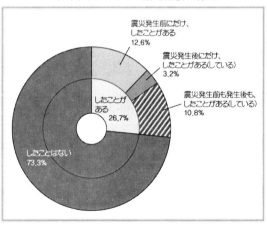

震災発生前にだけ、
したことがある
12.6%

震災発生後にだけ、
したことがある(している)
3.2%

したことが
ある
26.7%

震災発生前も発生後も、
したことがある(している)
10.8%

したことはない
73.3%

出典: 以下の図表はとくに断らない限り2012年内閣府調
査による。

て、東京の学生有志が震災のその日に立ち上げたYouth for 3.11は、「学生にできることは何だろう」という思いを持つ若者たちを、復興支援の現場に適切に送り込むことに努め、1年あまりの間に延べ1万人の学生たちを被災地に送り込んできました。この活動は、ボランティアの意思を持つ人たちと、その実現の機会とのミスマッチを小さくすることに成功した顕著な例となっています。このような大規模な活動事例にとどまらず、営利によらない社会的な活動の可能性が十分に高いと期待することはできます。

　ただし、現状にはさまざまな限界があることも調査から明らかになっています。すなわち、2014年の内閣府調査によると、ボランティアに関心を持つ人々は、6割近くいるにもかかわらず、実際にボランティアに従事した人たちの比率はその半分以下にすぎません。人々の関心・意思にもかかわらず、適切な機会をつかむことが難しい状況(ミスマッチ)があることが示唆されています。自らが組織を立ち上げることができないとしても、既存の組織に参加する意思が十分には活かされていないのです。その背景には、職場などで休暇を取る時間的な余裕がないなどの問題もあると思いますが、やり

たいことのできる場所を見つけることの難しさがある
と思います。こうした問題を解決していくためには、機
会にかかわる情報が比較的容易に得られるような制度的
な工夫が必要であることはいうまでもありません。

　しかし、このような市民の側の高い潜在的な意識に
応えるような対応だけでは、市民の志を活かし、非営利
組織に持続的で、社会的に有用な活動の機会を与えるこ
とはできないように思います。市民の志、市民意識の発
現を阻むような要素が現状では数多く存在するからで
す。

　その一つは、財政破綻を来した公的部門が、担うべ
き公共サービスの一部を非営利組織の形態を持つ下請け
組織に移管し、安上がりなサービスを実現しようとして
いることです。非営利組織の活動分野に関する調査によ
ると、認定・非認定を問わず「保険・医療・福祉」「社会教
育」「子供の健全育成」などの分野が比較的多いのは、この
ような事情に対応したものです。

　財政的な余裕があればそれらが公共サービスとし
て行われることに不思議がない分野でも、非営利組織に
移管することで、ボランティアの利用なども含めて、活
動にかかわる経費が削減されることが期待されている

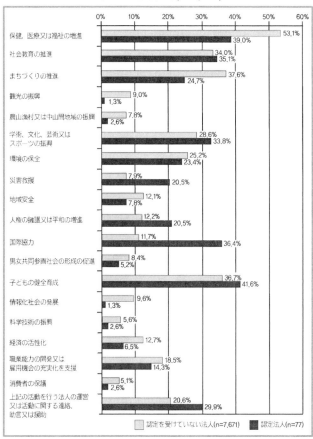

第10図 活動分野(n=7,748)

活動分野	認定を受けていない法人(n=7,671)	認定法人(n=77)
保健, 医療又は福祉の増進	53.1%	39.0%
社会教育の推進	34.0%	35.1%
まちづくりの推進	37.6%	24.7%
観光の振興	9.0%	1.3%
農山漁村又は中山間地域の振興	7.8%	2.6%
学術、文化、芸術又はスポーツの振興	28.6%	33.8%
環境の保全	25.2%	23.4%
災害救援	7.9%	20.5%
地域安全	12.1%	7.8%
人権の擁護又は平和の増進	12.2%	20.5%
国際協力	11.7%	36.4%
男女共同参画社会の形成の促進	8.4%	5.2%
子どもの健全育成	36.7%	41.6%
情報化社会の発展	9.6%	1.3%
科学技術の振興	5.6%	2.6%
経済の活性化	12.7%	6.5%
職業能力の開発又は雇用機会の充実化を支援	18.5%	14.3%
消費者の保護	5.1%	2.6%
上記の活動を行う法人の運営又は活動に関する連絡、助言又は援助	20.6%	29.9%

のです。それは安上がりにするための行政の下請け化なのです。本来であれば、適正な雇用機会を保障することに力を尽くすべき政府部門が、低賃金を利用するため

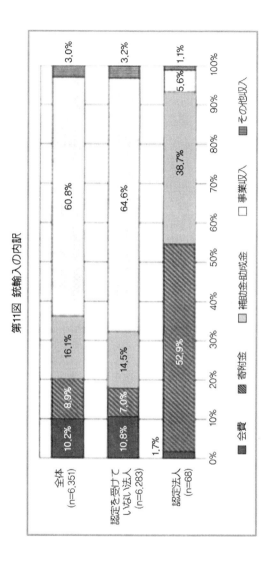

第11図 総輸入の内訳

| | | 会費 | 寄附金 | 補助金助成金 | 事業収入 | その他収入 |

全体
(n=6,351)
10.2% / 8.9% / 16.1% / 60.8% / 3.0%

認定を受けて
いない法人
(n=6,283)
10.8% / 7.0% / 14.5% / 64.6% / 3.2%

認定法人
(n=68)
1.7% / 52.9% / 38.7% / 5.6% / 1.1%

第12図 総収入規模別 法人類型(n=7,152)

総収入規模	会費比率が高い法人	自主事業収入比率が高い法人	寄附金比率が高い法人	受託事業収入比率が高い法人	補助金・助成金比率が高い法人	均衡型
1億円超(n=330)	11.8%	6.4%	14.8%	37.9%	25.2%	3.9%
5,000万円超～1億円以下(n=481)	6.7%	5.8%	15.6%	38.3%	30.4%	3.3%
1,000万円超～5,000万円以下(n=2,012)	7.6%	5.7%	26.2%	31.0%	26.5%	3.0%
500万円超～1,000万円以下(n=900)	15.0%	9.4%	27.3%	24.2%	21.1%	2.9%
100万円超～500万円以下(n=1,660)	23.3%	17.2%	19.4%	23.9%	14.0%	2.2%
50万円超～100万円以下(n=506)	35.4%	21.7%	17.2%	17.0%	7.1%	1.6%
10万円超～50万円以下(n=820)	58.4%	18.4%	10.7%	7.1%	5.0%	0.4%
5万円超～10万円以下(n=187)	74.9%	15.0%	3.7%	5.3%	1%	
1万円超～5万円以下(n=210)	77.6%	11.0%	9.0%	1.0%		
0円超～1万円以下(n=46)	78.3%	15.2%	2.2%	4.3%		

に業務を外注化していることは、見過ごすことのできない問題であることは強調しすぎることはないでしょう。そこでは、賃金を補うような「ボランタリーな活動」の追加によってサービスを維持するように努力が重ねられていますが、発生する雇用内容の劣化(非正規、低賃金)とともに、提供されるサービスの劣化をどのように避けるかが問題となります。

　このようなサービスの質や雇用の質の問題は非営利組織の自律的な努力によってある程度は改善可能だと思います。しかし、そうした下請化した非営利組織では、そもそも事業活動の継続性を保証する資金が行政からの補助金等に依存しているために、①それが低賃金利用を意図する限り十分な人件費が計上されていない、②事業の継続性が行政の判断によって大きく左右される、という問題を抱えています。

　第11図にみるように、とくに「認定法人」では、補助金・助成金の占める割合が高く、サービスを提供しながら受益者から得られる事業収入などは僅かにとどまっています。もちろんこのような収入構造は、事業分野によって異なっていますが、これを先ずNPOの規模別(総収入規模別、第12図)でみると、小規模なNPOでは「会費」

に依存するものが多く、これに対して1,000万円超から5,000万円までの2つの階層で補助金に依存する法人が多いことが判明します。しかも上層ではさらに受託事業による収入に対する依存度が高い法人もきわめて多く、この両者を合わせると、日本の大規模な有力NPOは、その半分が公的資金に依存したものではないかと疑わざるを得ないのが現状なのです。

　繰り返しになりますが、この収入構造の特徴は今後さらに財政状況が悪化すれば、公的資金の供給がさらに先細りとなり、組織そのものの持続性を危機に陥らせる危険をはらんでいるといってよいでしょう。それは市民的な組織としてのNPOの自律性を損なう重大な病根でもあります。

　このような収入構造の特徴について事業内容を区分してみると、次ページの第3表が示すように、補助金・助成金が多い法人と受託事業による収入が多い法人を合わせた比率が高いのは、「観光の振興」「男女共同参画社会の形成の促進」「職業能力開発等」です。これらはいずれも合計比率で4割を超えており、これに続いて、「保険・医療・福祉」「まちづくり」「環境保全」「情報化社会の発展」などとなっています。

このような非営利組織の持つ問題点は、その活動の基盤となる資金の調達面での基盤の弱さと裏腹の関係にあります。認定制度が拡張され、それに伴って寄付金の所得税控除などの措置がとられたとはいえ、日本の寄付金市場は規模も小さく、その機能は十分ではないのです。2012年12月にイギリスのCharities Aid Foundationが公表した世界160ヵ国についての寄付やボランティアについてのランキングによると、1位オーストラリア以下アイルランド、カナダ、ニュージーランド、アメリカなどの国々が上位に並ぶなかで、日本のランクは85位にすぎませんでした。それも前年の105位からの「大躍進」を記録してのことであり、その背景に東日本大震災があったことも勘案すると、恒常的な順位は前年の100位以下とみるのが適当のようです。ちなみにこの順位で韓国は45位、東アジアでは香港19位、モンゴル46位、台湾52位であったと報告されています。また、Giving USA 2013によると、米国の寄付総額は25兆円(法人・個人を含む)、UK Giving 2012によるとイギリスの個人寄付は1.2兆円ですが、これに対して日本では個人寄付が5〜6,000億円という水準にとどまっています。このように寄付金市場の規模に大きな差があることが分かっています。

ただし、震災が発生した2011年に個人寄付金は震災関係だけで5,000億円に達して倍増していますから、潜在的な資金提供者に乏しいとは断言できないのです。ここにも、寄付者と寄付を必要とする非営利組織との間のミスマッチが垣間見えます。この点を端的に示したエピソードとして、東日本大震災寄付金の時に寄せられた支援金・寄付金の多くが、日本赤十字や名声の確立したNGOなどの団体に集中したことが、問題視されています。

第3表　主な活動分野別　法人類型

	全体	会費比率が高い法人	寄附金比率が高い法人	補助金・助成金比率が高い法人	自主事業収入比率が高い法人型	受託事業収入比率が高い法人	均衡型	収入0円
全体	7,731	1,742	851	1,370	1,750	1,263	164	592
	100.0%	22.5%	11.0%	17.7%	22.6%	16.3%	2.1%	7.7%
保険、医療又は福祉の増進	3,113	550	332	643	856	458	77	197
	100.0%	17.7%	10.7%	20.7%	27.5%	14.7%	2.5%	6.3%
社会教育の推進	464	122	65	45	102	80	11	39
	100.0%	26.3%	14.0%	9.7%	22.0%	17.2%	2.4%	8.4%
まちづくりの推進	848	208	72	158	168	153	12	77
	100.0%	24.5%	8.5%	18.6%	19.8%	18.0%	1.4%	9.1%
観光の振興	145	24	6	35	34	27	5	14
	100.0%	16.6%	4.1%	24.1%	23.4%	18.6%	3.4%	9.7%
農山漁村又は中山間地域の振興	178	42	21	36	34	26	4	15
	100.0%	23.6%	11.8%	20.2%	19.1%	14.6%	2.2%	8.4%
学術、文化、芸術又はスポーツの振興	1,020	283	97	139	244	151	27	80
	100.0%	27.7%	9.5%	13.6%	23.9%	14.8%	2.6%	7.8%

環境の保全	820	211	101	165	125	137	14	67
	100.0%	25.7%	12.3%	20.1%	15.2%	16.7%	1.7%	8.2%
災害救援	121	41	26	13	10	13	3	15
	100.0%	33.9%	21.5%	10.7%	8.3%	10.7%	2.5%	12.4%
地域安全	145	48	24	20	12	25	2	14
	100.0%	33.1%	16.6%	13.8%	8.3%	17.2%	1.4%	9.7%
人権の擁護又は平和の推進	155	37	32	31	21	19	3	12
	100.0%	23.9%	20.6%	20.0%	13.5%	12.3%	1.9%	7.7%
国際協力	263	70	81	33	30	25	1	23
	100.0%	26.6%	30.8%	12.5%	11.4%	9.5%	0.4%	8.7%
男女共同参画社会の形成の促進	85	12	12	15	14	24	3	5
	100.0%	14.1%	14.1%	17.6%	16.5%	28.2%	3.5%	5.9%
子どもの健全育成	1,074	227	158	195	227	161	22	84
	100.0%	21.1%	14.7%	18.2%	21.1%	15.0%	2.0%	7.8%
情報化社会の発展	230	70	14	17	42	64	5	18
	100.0%	30.4%	6.1%	7.4%	18.3%	27.8%	2.2%	7.8%
科学技術の振興	122	55	14	14	5	19	2	13
	100.0%	45.1%	11.5%	11.5%	4.1%	15.6%	1.6%	10.7%
経済活動の活性化	221	68	19	22	45	35	3	29
	100.0%	30.8%	8.6%	10.0%	20.4%	15.8%	1.4%	13.1%
職業能力の開発又は雇用機会の拡充の支援	435	69	29	101	106	87	10	33
	100.0%	15.9%	6.7%	23.2%	24.4%	20.0%	2.3%	7.6%
消費者の保護	104	45	10	3	17	15	0	14
	100.0%	43.3%	9.6%	2.9%	16.3%	14.4%	0.0%	13.5%
上記の活動を行う法人の運営又は活動に関する連絡、助言又は援助	257	57	17	26	55	72	3	27
	100.0%	22.2%	6.6%	10.1%	21.4%	28.0%	1.2%	10.5%
※保険、医療又は福祉の増進以外	4,618	1,192	519	727	894	805	87	395
	100.0%	25.8%	11.2%	15.7%	19.4%	17.4%	1.9%	8.6%

(注) 陰翳のセルは一番構成比率の多い型

　　ミスマッチの主因は、非営利組織の情報発信が十分
ではなく、そのために寄付者に寄付先を選ぶための材料

第13図 寄付時点別 寄付経験の有無 (n=3,000)

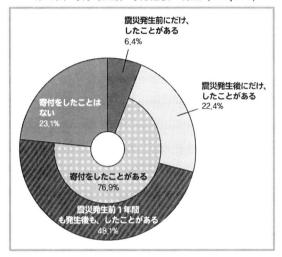

震災発生前にだけ、
したことがある
6.4%

震災発生後にだけ、
したことがある
22.4%

寄付をしたことは
ない
23.1%

寄付をしたことがある
76.9%

震災発生前１年間
も発生後も、したことがある
48.1%

に乏しいことです。その結果、必要な資金が届かなかく
なっているのです。ボランティアに比べて時間をとら
れるわけではないこともあって内閣府の調査では、寄
付をしたことがある人の比率は全体の4分の3にのぼっ
ています。そのうち震災後に寄付をした人たちが全体の
4分の1(寄付経験者の3分の1)となっています。つまり、
寄付金を寄せる意思は遙かに広く共有されています。

　それでは、寄付者はどのような判断基準で寄付を行
うのでしょうか。この点についての調査結果による
と、「寄付の使い道が明確で有効につかってもらえるこ

と」「活動の趣旨や目的に賛同・共感・期待できること」が際だって高いことが明らかとなっています。つまり、リターンが期待できない寄付金市場では、寄付者は何に使われるのか、使われ方が信頼できるかが評価の基準となっています。当然のことでしょう。このことは組織活動の内容についての質的な評価を寄付者は必要としていることを意味しています。営利企業であれば、収益性という単一の基準で横並びの比較が可能ですが、質的な活動内容のうち、どこに寄付することが寄付者にとって高い満足度を与えるかは、一義的には判定できないのです。

　個々の寄付者にとっては、健康にかかわる問題か、教育か、環境か、などの活動の目標となっていることがらについては、それぞれの「選好」に従って絞り込むことは可能でしょうが、確実に有効に使われるかどうかは、その組織のあり方にかかわっており、それを外部から得られる情報から判断する、評価することは難しいことが、非営利組織の成長を阻む重要な障碍となっているということです。このようなミスマッチを小さくする制度的な工夫が必要であることは明白ではないかと思います。

第14図 寄付先を選ぶ時に重要すること

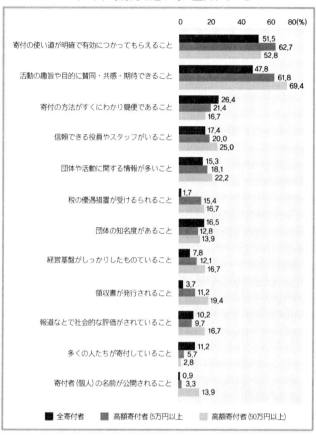

	0 20 40 60 80(%)
寄付の使い道が明確で有効につかってもらえること	51.5 / 62.7 / 52.8
活動の趣旨や目的に賛同・共感・期待できること	47.8 / 61.8 / 69.4
寄付の方法がすぐにわかり簡便であること	26.4 / 21.4 / 16.7
信頼できる役員やスタッフがいること	17.4 / 20.0 / 25.0
団体や活動に関する情報が多いこと	15.3 / 18.1 / 22.2
税の優遇措置が受けるられること	1.7 / 15.4 / 16.7
団体の知名度があること	16.5 / 12.8 / 13.9
経営基盤がしっかりしたものていること	7.8 / 12.1 / 16.7
領収書が発行されること	3.7 / 11.2 / 19.4
報道なとで社会的な評価がされていること	10.2 / 9.7 / 16.7
多くの人たちが寄付していること	11.2 / 5.7 / 2.8
寄付者(個人)の名前が公開されること	0.9 / 3.3 / 13.9

■ 全寄付者　　■ 高額寄付者(5万円以上)　　■ 高額寄付者(50万円以上)

5. おわりに

　2007年11月、私たちは非営利組織評価研究会(主査田中弥生大学評価・学位授与機構准教授)を立ち上げて、非営利組織をどのような基準によって客観的に評価することができるかの検討を始めました。今日の報告もそうした研究会に参加した成果が盛り込まれていますが、この作業結果は、2年後に非営利組織評価基準検討会に継承され、「エクセレントNPOの評価基準」としてまとめられました。さらに、この評価基準の普及のために、検討会は「エクセレントNPO」をめざそう市民会議に改組されて活動を続けています。

　市民会議は、日本の非営利組織の組織としての質的な向上のために、この基準を自己点検ツールとして活用することをもとめています。さらに2012年度からエクセレントNPO大賞を設けて優れたNPOの表彰事業も実施しています。これらはいずれも、これまで述べてきたような非営利組織の現状が抱える問題の解決のための処方箋を探る試みの一つです。市場経済的な営利原則によって単純化された比較基準とは異なり、組織の活動内

容や活動の質に一定の基準から客観的な評価を与えよう というのが評価基準の狙いです。この評価基準が理解さ れ、寄付やボランティアを希望する人の選択の参考とな り、組織としての高いパフォーマンスを実現できるよ うに自己革新を促すことを期待してのことです。そん な期待が満足されるようになるまでには、まだ多くの 時間が必要なことは間違いありません。しかし、私たち 市民会議の活動は、その目標に向かってのささやかな一 歩と考えています。

　なぜ、このような方向が求められるのかは、近未 来社会をどのように構想するかにかかわっています。 すでに本論で述べたように、従来の福祉社会構想で期待 されるような公共サービスの充実は望むことは難しい でしょう。その社会的ニーズの空隙を埋めるために、非 営利組織が重要な市場でのプレーヤーとなります。営利 と非営利との差はあるにしても、それらの組織（企業） は、多様なニーズに向き合うことになるのです。そう して提供される財やサービスは、人々の選好に即して多 様な選択肢を与えることになります。非営利組織の提供 する低費用だが標準的なサービスも、営利企業が提供す る高品質のサービスも、同様に選択可能であり、それぞ

れの受益者の予算曲線に即して選択されればよいのです。このような財サービス市場の変化は、同時に資金市場では、リターンを期待する投資市場と活動内容の選択による社会的な厚生の向上を期待する寄付金市場に分岐していきます。そして労働力市場でも、人々はワークライフバランスを考慮し、厳しい雇用市場でワークシェアを行いながら余裕が発生した時間をボランティアやそれぞれが希望する文化的人間的な活動に割くことができるようになることが期待されます。そうした人的資源の支えによって、非営利組織は良質な標準的サービスを提供することで営利企業とも共存できることになります。いずれにしても家計と企業部門(非営利組織を含む)を結ぶ3つの市場がそれぞれ複線化することによって、現代の経済学が想定する以上に柔軟な経済社会を構築することが期待できるのです。

質疑応答

- 非営利組織の現実が運動体としてのそれ

- だとしても、そのゴールは非営利組織が
  当たり前の存在として営利企業とともに
  市民権を得て、何かやりたいなと思った
  ら、自分の思いを実現できる組織が、必
  ずどこかで見つかって自分も参加でき
  る、もし見つからなければ自ら作ること
  に何のためらいもない、何の抵抗もない
  時代が来ることだと考えています。

司会: 質問がある方は手を挙げて、簡単に所属と述べて頂きたいと思います。

質問者: はい、ありがとうございました。ソウル大学の国際大学院のハンと申します。大変勉強になりました。意見と質問がありますが、先生は、「そもそも企業はなんだろうか」というところから、営利目的の事業をするといった前提に対して、ちょっと違う観点から企業を捉えると説明されましたが、私は社会学者としてNPOは社会運動の観点から考えています。そうした視点から、お聞きしたいのは、エクセレントNPOの評価をする基準を設けること

に関連して強く印象に残っていることの一つは、NPOの側では以前はあんまりみられなかった書類作業が多くなっていて、やはりお金を貰う以上必要なのでしょうが、お金をもらうためにもいろいろな書類を書くなど、本来の目的以外の仕事が増えています。そうした問題をどう捉えたらいいのか、をお聞きしたいです。

発表者: 確かにその通りだと思います。これには二つの面があり、一つは行政側が自分達の説明責任を果たすために資金の受け手側に対して説明責任を果たさせるためにいろんな書類を作らせています。行政の都合で制度がつくられていることと同時に、もう一つは、非営利組織が資金面で行政から補助金・助成金に依存している、つまり行政の下請けになっていることの結果です。いずれも重大な問題で解決しなければいけないことですが、私達が市民会議の活動として進めているのは、行政依存から脱して広い基盤を持てるように、簡明な評価基準で自己評価し、それに基づいて情報を発信し市民的なサポートを得られるようにしたいということです。

それからハン先生のご意見で重要なポイントは、非営利組織を運動としてどう評価するか、どう支えるかという問題があると思いますが、私は日本の非営利組織はまだ未熟で、社会のなかに組み込まれた重要なプレーヤーとなっているというよりは、社会の外側から社会の中に自らの位置を探そうとしている段階で、それ故に運動体としての性格が強くなっている気がしています。もちろん、非営利組織はこの社会の欠けている部分に問題を発見し、自らの力で解決する、そういう思いが集まって組織化されたものですから、それ自体運動体ではあります。その運動が財やサービスの生産活動につながっていくわけですから、その思いに注目すれば、社会運動や政治的活動と共通するものがあります。

ただし、ちょっと話が飛ぶように見えるかもしれませんが、資本主義経済社会が生まれて、営利企業が当たり前の存在になる前の時代を少し想像してみてください。その時代の推進力は、はじめから営利を目的として何かをやろうと考えた人達だったんだろうかと。紡績業で新しい機械を発明して工場

を作った人達が、「これで儲かりまっせ」と動き始めたのだろうか。この機械・発明を使ってもっと質の良い製品を供給したいと思っていただろうか。多分どっちもあるのでしょうが、技術進歩などを通して社会に貢献したいという思いが営利企業発生の原動力ではないかと思うのです。金儲けだけではありません。もしそうであれば、今我々が直面してる時代は、200年ぐらい前の営利企業の誕生期と共通する面があります。つまり非営利組織という原理を使って時代を動かそうとしています。そして非営利組織が正式な社会の、経済社会の重要な一員になっていくためには、かなり強い運動によって現状の制度を変えていかなければいけない。だから、非営利組織の現実が運動体としてのそれだとしても、そのゴールは非営利組織が当たり前の存在として営利企業とともに市民権を得て、何かやりたいなと思ったら、自分の思いを実現できる組織が、必ずどこかで見つかって自分も参加できる、もし見つからなければ自ら作ることに何のためらいもない、何の抵抗もない時代が来ることだと考えています。

そこまでいくために、どれだけの時間がかかるか分かりませんが、実現のためには長い地道な運動が必要です。私は日本で株式会社制度が定着するのに50年かかったのだから、それくらいの時間で考えていく必要があると思います。

司会: はい、他にご質問はありませんか。

質問者: ご講演をありがとうございました。ソウル大学の日本研究所の千ョと申します。例えば、北ヨーロッパの福祉国家といわれる国々は、税金が高く、政府が公的サービスを担当している仕組みですね。日本は、税負担は低いのに政府がお金を使いすぎて赤字になったでしょう。財政赤字はどうにもできない状態なので、先生は公的サービスの領域を中心に社会的な仕組みを変えていく可能性を提案されたと思います。何故日本は税金を上げるのができないのか、できないのは政治的な理由か、それとも何か抵抗があるのかという質問と、もう一つは、NPOの活動について、社会福祉の水準の低さをカバーするものとみたときに、それは福祉国家の建設が難し

い国としての選択肢なのか、これに対して公的サービスを増やそうとするアジアの国々もありますが、日本が目指すのはどのような方向性なのでしょうか。また、韓国に対して何かご提案がありましたらお聞きしたいです。

発表者: 税金の問題については、日本の保守政権が一貫して国内的な民意に弱い、民意を説得する力を持っていません。政治家たちの言葉に力がないこともあり、また民衆は政治家を信頼していません。そのために、増税という選択肢は、よほどまともな政治家が出てこない限り実現できません。消費税の増税を決断できたのが竹下登と橋本龍太郎だけです。いずれも自民党の中道で池田勇人・田中角栄の系統のひとたちです。彼らは人々を説得する努力をしてきた少数の政治家ですが、それ以外は民衆に迎合して政治基盤を安定することに専念してきました。政権維持が第一で国のことも国民のことも二の次でした。だから増税路線はとれません。どちらかというと、中曽根が小さな内閣に熱心だったように、タカ派の発言をする政治家ほど民意に迎合的です。今の政権

はとくにそうした面が強いですから、前政権の民主党が決めたから仕方がないと消費税の増税を実施しましたが、その前提がなければ多分何もできなかった。高負担を求めることは今の日本の政治にはできそうもありません。

それを前提にすると、北欧型の社会、つまり高負担高福祉をめざすためのハードルがかなり高いです。増税によって高負担を実現することが難しい上に、過去の借金のために高負担にしても高福祉実現は容易ではありません。増税を借金の返済に廻さなければならないです。だから、高負担高福祉は日本ではリアリティが無いです。

財政の問題をちゃんと考えなくてはいけないのですが、あまり建設的な意見は出ていないません。経済成長の実現で何とかできると考えているようでもあります。私は、極端な言い方をすると、国の公的債務(国債)を日銀にできるだけ買わせたうえで、全部塩漬けにすべきだと思います。「塩漬け」というのは、要するに国は日本銀行保有分の返済は半永久的に返済しないと宣言して、棚上げにしてしまう。マーケットで売買されている国債を対象にす

ると国債価格が暴落して収拾がつかないので、日銀保有分だけを対象にして返済を猶予します。それによって財政にかかる国債費の負担を小さくします。そうすれば残りの発行債の償還くらいはできる、返せると思います。あまりに極端な意見なので耳をかすはいないですが・・・。

さて、そうした理由から日本には当分のあいだは福祉国家の可能性はないので、非営利組織に注目せざるを得ないということが立論の背景になっています。だから、それほどの財政制約がない国であれば、積極的に社会福祉政策の展開によって北欧型の福祉国家を建設するという選択は当然ありうると思います。追加的に、慈善活動の国際的な評価でアングロサクソン系の国々地位が高いのは、たぶん寄付とかボランティアなどの社会制度がある種のセーフティーネットとして役立っており、それらの国の政策が市場主義的な経済システムにもとづく低負担低福祉に見えても、その背後にキリスト教的な社会の安全弁が機能していると捉えるとわかりやすいのかもしれません。経済学者たちが市場主義的、原理主義的な議論をしてるとき、見てると

ころはその社会全体の構造ではないために、そういうセーフティーネットを外側に持っていることを無視した形で、その経済だけを見てるのです。ですから、そうした視野の狭い議論で省略されている部分も含めて全体を捉える視野が必要だと思いますが、これはもうちょっと調べてみたい問題です。

司会: 他に何かご質問はありませんか。

質問者: 文学専門のナンです。NPOは国に税金も払わないという仕組みですが、それだとNPOがどんどん増えると、国の税収が減る可能性もあるのではないかと疑問があるのですが、もしそうだとするとNPOと政府との関係は、最初から上手くいかない可能性があるんじゃないかと考えたのですが、いかがですか。

発表者: 確かにそうした疑問が生じるかもしれませんが、先ず行政の下請化している部分は、もともと税金が原資になっていますから、ご質問のような問題

は生じないので、論じなければならないのは家計が収める税金が少ない状態で、それらが非営利組織などに寄付されることです。寄付税制の下では寄付金について一定の割合で税金が軽減されますから、確かに国の税収は小さくなります。ただし、このような側面だけに注目するのは適切ではないのです。福祉社会を建設するために、国のレベルで共通して確保されるべき給付などが税によって十分にまかなえるようになることは、国の責任だと思います。その意味で、増税することは必要なことでしょう。しかし、非営利組織に寄付などを通して家計からの資金が提供されることは、社会的なニーズを満たすという点からみると、何が必要なのか、何が満たされるべきなのか、家計のそれぞれが自らの選択できることになります。身近な問題に対処するために増税を受け入れたうえでその使い道を議会や政府に決定を委ねるのではなく、自ら意思が表明できることは、市民社会のあり方としては、前進だと考えています。

司会: 他にいかがですが。あんまり時間がないので、まと

めて質問して伺いたいと思います。

質問者: ご講演ありがとうございました。私は先生のお考えのモデルの中で、家計からの寄付っていうところがやはり重要だと思いますが、その家計からの寄付のキャパシティと言いますか、今の日本の経済の状況を考えると、家計もそれほど余裕が無さそうですね。そんな状況のなかで、どれくらいその寄付のキャパシティを今後見込めるか、先生のご意見を聞かせて下さい。

質問者: 発表ありがとうございます。私は人類学科の博士課程で、家族問題専門のチです。先生のお話は多分福祉のNPOとか介護のNPOとかだと思いますが、NPOの現場の意見では、福祉とか介護のNPOは本来のNPOではないといわれますね。たしかに私がインタビューした東京の所謂介護系の人たちは、自分たちの役割を介護保険制度の中で隙間を埋めるという役割を果たす団体として自覚していました。しかし、政府の役割の代わりにNPOを使うことは、私の考えではちょっと無理ではないかと思い

ます。お考えはどうでしょうか。

発表者: まず、一つ目の質問は、要するに家計に余裕がないから、寄付などはそんなに期待できないだろうということですね。確かに家計の貯蓄率は一貫して下がっていますから、家計の収支余剰が厳しくなっていることは間違いありません。ただし、全く余裕がないわけではありませんし、実物的寄付は少なくとも、家計で発生している余剰の労働力があります。働く機会がないから収入が減っているので、この過剰労働力を非営利組織の活動に還元することも大きな意味を持ちます。NPOから見ると、お金で貰うのか働き手が無償で得られるかはほとんど同義です。ボランティアとは、その人の賃金分の寄付をしながら働き手としても機能しているのですから、その限りでは家計からのおカネとヒトの提供は補完的なものです。そのどちらかを家計が出し続けることができれば、NPOはある程度存続が可能だと考えています。一つの家計がどのような選択をするかはそれぞれですが、マクロ的に全体でみれば、補完的に必要な資源が確保されるので

はと考えています。家計によっては、人によっては、寄付だけ、ボランティアだけということもあるだろうと思いますが、それぞれが選ぶことによって全体として必要なものが充足されるようになればいいと楽観的に考えています。

もう一つの質問は、非営利組織に政府の役割を代行できないのではないか、あるいは、そういう下請化は、不適切な状態ではないかということでしょうか。そうだとすると、それは、部分的には正しく、ある部分ではそんなに簡単には判断できないと考えています。たとえば、警察とか消防とか軍事とかは、少なくもと非営利組織に置き換わることはないと思います。また営利企業が参入しない領域もありますが、それも条件次第です。たとえば社会資本としての橋の建設を考えると、それを有料にして建設費が十分に回収できるような高料金にしても利用者が減らないというような優遇措置がとられれば、この橋の建設を営利企業が担うことあり得るでしょう。営利と非営利、政府か民間かというような問題について明確な境界線は引くことはできず、その時代の制度や技術水準などに影響

されて変わります。だから、介護保険にかかわる
サービスでも、それに関連して介護とか医療に差別
的な報酬料金の徴収を認め、高額な保険外の収入
が生ずれば、営利企業でも参入してくるでしょ
う。日本も格差社会ですから、所得上層だけを
ターゲットにした高額医療の病院があってもかま
わないのですが、それは福祉という観念とは別のも
のです。大事なことは、我々の生存に必要な最低限
の社会的なニーズが満たされる、それも普通の人
たちが払える範囲内で満たされることで、それをど
のような組織が提供するかが問われています。現実
に即して持続的な制度、仕組みにしなくてはいけ
ないと考えているのです。

質問者: 先の質問は、だからそういう事業は本来政府が担
うべきではないかということですが。

発表者: そうかもしれません。だから私は、政府が経費節
減のために行政の下請として非営利組織を使って
いる状態は、すごく深刻な問題と思っています。
だからといって、それを政府の手に戻して、質量的

にも十分な水準に維持することを求めることはとても難しいので、いろいろと考えているということです。原理的に政府の仕事のはずだということであれば、その通りです。

司会: 本当に長い時間答弁していただいて、とても有益な質疑・応答であったと思います。先生に拍手をお願いします。

참고문헌

非営利組織評価研究会編, 『日本の未来と市民社会の可能性』, 言論
　　　　　ブックレット13, 2008.

非営利組織評価基準検討会編, 『「エクセレントNPO」とは何か』,
　　　　　言論ブックレット15, 2010.

「エクセレントNPO」をめざそう市民会議編, 『「エクセレント
　　　　　NPO」の評価基準』言論ブックレット16, 2010, 同改訂版,
　　　　　言論ブックレット17, 2013.

内閣府, 『平成23年度特定非営利活動法人の実態及び認定特定非営
　　　　　利活動法人制度の利用状況に関する調査　報告書』, 2012.

山内直人ほか編, 『NPO白書』, 大阪大学NPO研究センター, 2013.

日本ファンドレイジング協会編, 『寄付白書 2013』, 2013.

田中弥生, 『NPOが自立する日』, 日本評論社, 2006.

田中弥生, 『NPO新時代』, 明石書店, 2008.

田中弥生, 『市民社会政策論』, 明石書店, 2011.

저 자 | 다케다 하루히토(武田晴人)

도쿄대학대학원 경제학연구과 박사(경제학). 도쿄대학 사회과
학연구소 조교, 도쿄대학 경제학부 조교수를 거쳐 현재 도쿄대학
대학원 경제학연구과 교수로 재직 중이다.

• 주요 저서

『談合の経済学』, 集英社, 1994

『日本経済の事件簿』, 新曜社, 1995

『日本経済史』第1~6巻, 東京大学出版会, 2000~2010(石井寛治・原
朗と共編著)

『転換期の起業家たち』, 講談社, 2004

『日本経済の戦後復興』, 有斐閣, 2007(編著)

『仕事と日本人』, ちくま新書, 2008

『高度成長』, 岩波新書, 2008

『戦後復興期の企業行動』, 有斐閣, 2008(編著)

『日本の政策金融』第Ⅰ, Ⅱ巻, 東京大学出版会, 2009(編著)

『高度成長期の日本経済』, 有斐閣, 2011(編著)

『岩崎弥太郎』, ミネルヴァ書房, 2011

『「国民所得倍増計画」を読み解く』, 日本経済評論社, 2014

번 역 자 | 강성우

캐나다 요크대학교 동아시아학 전공.

영국 옥스포드대학교 동양학 석사 후 한일관계사 전공으로 박사학위를 취득했다. 박사논문은 「Colonizing the Port City Pusan in Korea: A study of the process of Japanese domination in the urban space of Pusan during the open-port period (1876~1910)」이다.

현재 서울대학교 일본연구소 객원연구원, 옥스포드대학교 동양학연구소 방문연구원으로 있다.

주요논문으로는 「개항기 일본인의 부산이주와 헤게모니 확장」이 있다.

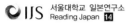

IJS 서울대학교 일본연구소
Reading Japan 14

일본 속의 NPO

저성장기 일본 복지의 한계와 비영리단체

低成長期日本的福祉の限界と非営利組織

초판인쇄 2014년 09월 23일
초판발행 2014년 09월 30일

기   획 서울대학교 일본연구소
저   자 다케다 하루히토(武田晴人)
번 역 자 강성우
발 행 처 제이앤씨
발 행 인 윤석현
등   록 제7-220호

주   소 서울시 도봉구 창동 624-1 북한산현대홈시티 102-1106
전   화 (02)992-3253(대)
전   송 (02)991-1285
편 집 자 주은혜
책임편집 김선은
전자우편 jncbook@hanmail.net
홈페이지 http://www.jncbms.co.kr

ⓒ 서울대학교 일본연구소, 2014. Printed in KOREA.

ISBN 978-89-5668-400-0 03330   **정가** 7,000원

· 저자 및 출판사의 허락 없이 이 책의 일부 또는 전부를 무단복제·전재·발췌할 수 없습니다.
· 잘못된 책은 바꿔 드립니다.

본 저서는 정부(교육과학기술부)의 재원으로 한국연구재단의 지원을 받아 출판되었음.
(NRF-2008-362-B00006)